后浪出版公司

The Economy of You

斜杠创业家

如何摆脱朝九晚五的束缚？

［美］金伯莉·帕尔默（Kimberly Palmer） 著　谈申申　孙思栋　译

江西人民出版社
Jiangxi People's Publishing House
全国百佳出版社

致 谢

如果没有那些慷慨的从事副业的人们跟我分享他们的经历，这本书根本不可能完成并成功发行。因此，我首先要感谢每一位帮助过我的副业者，感谢他们与我交谈，与我分享他们的生活，并允许我讲述他们的故事。

另外，我要深深感谢的是《美国新闻与世界报道》（U.S. News & World Report）杂志社的同事们，尤其是金姆·卡斯特罗（Kim Castro），他们给我提供了很多便利和支持来研究个人财务这个变化莫测的领域。这本书的构思来源于我为《美国新闻》所写的一系列新经济时代下的故事，这些故事都是我第一次与本书中提及的副业者们见面与交流后写下的。

很多研究员、图书管理员和记者同事还帮助我找到了许多关键的数据。其中我尤其感谢美国劳工统计局经济学家史蒂夫·希普尔（Steve Hipple）和《美国新闻》的珍妮·奥谢（Jenny O'shea）。詹妮对《牛津英语词典》知之甚详，超过任何人（她的放大镜可以证明这一点！）。

第一次见到我的代理人梅利莎·萨维尔（Melissa Sarver），就让我觉得能结识到她是件非常幸运的事，因为她是书籍和作者的忠实拥护者。正是她睿智的想法、充沛的精力和无私的帮助才让这本书得以出版。另外，我还十分感谢 AMACOM 出版社的优秀团队，包括艾琳·马尤克（Irene Majuk）、黛比·波斯纳（Debbie Posner）、迈克尔·希维利（Michael Sivilli），以及我的编辑威廉·赫尔姆斯（William Helms）。在出版过程中，他们不断向我提供反馈、建议和鼓励，也感谢他们对我和这本书的信任。

当然，我的家人也给予了我很多的关爱和支持，是他们的陪伴激励我努力前行。我的父母克里斯·帕尔默（Chris Palmer）和盖尔·希勒（Gail Shearer）从我出生起就始终如一地陪伴着我和我的妹妹珍妮弗·帕尔默（Jennifer Palmer）和克里斯蒂娜·帕尔默（Christina Palmer）成长。祖母珍妮特·希勒·约翰逊（Janet Shearer Johnson）对我那无私的爱同样让我感动，她与我分享了很多副业者的新鲜故事。我的丈夫苏杰·戴夫（Sujay Davé）同时也是我最好的伙伴和最大的支持者，我的孩子卡里纳（Kareena）和尼尔（Neal）也给予了我不断前进的动力——他们是我奋斗途中停下来休息和娱乐的绝好理由。

前 言　行动起来

在一次下班开车回家的路上（沿途去接了在幼儿园上学的女儿），我突然意识到必须要做出改变。每天我都要花大部分时间想念我的女儿——她的笑声、她自创的言语、她对新事物的尝试，即使我很热爱自己的工作，仍然止不住不断在脑海里想念她。我想如果能对自己的工作有更多的控制权，我就能重新安排自己的工作日程，在最富有创造力和生产力的早晨奋力工作，下午则陪女儿玩游戏，然后在晚上7点等她入睡后我再继续将一天的工作做完。

要实现这一目标，我需要两样东西：更大的权力和更多的金钱。诚然我的老板很通融，她也不可能在不影响办公室良好运转的前提下，允许我只工作半天。而且，我自己也不能冒险自找麻烦，因为我真的很需要这份薪酬。新闻行业（甚至整个经济形势）的萧条境况不容忽视；同时，我还承担着房贷、育儿、孩子的大学教育基金等。正是因为责任所在，我开始不断担心自己有一天会被解雇，这也是我最常做的噩梦之一。

想要真正实现我想要的生活，唯一的方法就是摆脱传统的赚钱模式——固定时间的全职工作。我需要在全职工作之外赚到额外的收入,以保持财务独立,并最终成为自己的老板,自主设定工作日程,这样就不用再担心被解雇。这不仅关乎金钱,我也想掌控自己的人生。

  于是,我开始关注各个领域中那些与我一样的人。公司街边那家我最爱的熟食店倒闭后,店主的儿子就开始张罗自己的定制蛋糕生意,不但维系了原有的客户,还用这份收入替代了原本熟食店的收入流。另外我还发现,自己所在的办公室里,有同事利用空闲时间做社交媒体咨询,也有同事经营打印店,还有同事拥有一家高效的蜜蜂农场。

  我在做经济类采访报道的时候,也接触到了其他一些长期以来都同时做着副业和主业的人,他们为自己创造了稳定的双重收入。其中很多人就像我一样,担心自己的全职工作随时会消失,并且也敏锐地意识到失去工作的灾难性后果。他们想要保障自己和家人的生活。一位失业的建筑师,将她为自己婚礼制作的各州地图形状的砧板放在手工艺品网 Etsy.com 上出售。短短几个月内,她就卖出了上千件砧板,于是她将这份爱好发展为了自己的全职工作,这比原本的建筑师工作更能给她自己和家人带来职业安全感。一位书店经理厌倦了朝九晚五和仅仅 28000 美元年薪的工作,意识到如果不做出改变,她将无法给自己和家人带来所期盼的那种生活,于是她开始了自己的创业培训业务,旨在为学员培养创造性。两年之内,她的年收入便涨到了 150000 美元,并完全能够自主掌控工作日程。

  然而,这些并不是典型的成功创业案例。因为大多数人从来没有想过自己能成为企业家,一开始也不是冲着创业的目标去的(有些人也从来没有打算过要放弃自己的全职工作)。大多数时候,我们是在原始计划进行不下去的情况下,才不得不为自己找一种新的方案。这些才是我们生存的故事。

前言
行动起来

总的来看，这些故事强调了一个无人能忽略的事实，关乎我们的经济状况：如今，我们都需要一种以上的收入来源。仅仅依赖单一的雇主，最终肯定会像大多数美国人一样，步履维艰。即使这个国家才爬出最近的一次经济萧条，但仍然有超过8%的求职者无法找到工作。对于年轻人和老年人群体来说，高失业率和低就业率的现象更为显著。那些有幸保住工作的人也难逃减薪、降低福利和工时变长的困境，并且他们还要时刻怀揣不安，担心这份工作有一天会突然消失。2012年的一项盖洛普民意调查发现，近30%的劳动者都担心自己被解雇，40%的劳动者担心福利会减少。在这种焦虑的笼罩下，我们很难安心过着正常的生活，购置百货、规划旅行。

与此同时，生活成本正变得越来越高。食品、燃气、房租，甚至咖啡的价格都在不断上涨。毫不奇怪，大多数美国人都感到财务紧张。密歇根大学开展的一项关于消费者信心指数的官方调查发现，在2012年8月有50%的消费者认为自己的财务状况不如5年前。并且该机构预测，未来5年这种迹象并不会好转。调查还发现很少有人具备缓冲资金，仅四分之一的美国人有足够的储蓄来支撑至少6个月的生活。新闻里充斥着被解雇的劳动者无法找到新工作的故事，传统产业的工人似乎更是注定要无家可归、贫穷和绝望。我们不能自欺欺人地认为，雇主会把我们的利益放在首位，或者他们会一直雇用我们。

这就是为什么有那么多人决定寻找另外一种生活方式，一种不会让我们感到自己在走钢丝、一着不慎就满盘皆输的生活方式。在全职工作（如果有的话）之外去寻求新的赚钱机会，正是我们对抗压力和经济停滞的良好途径。但是我们时常感觉到自己别无选择。我们需要金钱，而主业却不能带来足够的金钱。许多人因遭受极端的损失（如被解雇）而激发了前进的信念，正如我们预期到失业不可避免而因此开始创业。我发现越来越多的人仍然在为我最初提到的那个问题而挣扎：在这个零工作保障和财务压力日益增长的社会里，我们怎样才能保证自己和家人的生活？答案已经越来越清晰，即我们必须通过追求创业，积极开创多样化的赚钱方式。

在这个过程中，我们可以把机会匮乏的失望荒原发展成为一个旺盛的创意孵化器，形成一种新经济。这样的新经济有一些先进的特征：网上交流便利、对创意产业的充分竞争和强烈需求、短期的就业市场，这些特征将成为一种优质资源，而不是阻力。新的工作形式不仅可以提高我们的经济安全，还会给我们带来更多的快乐和满足。

社会文化经历了极其深刻的转变，人们以更加个性化的方式来思考如何赚钱，从知名人士、电视节目到电影都在某种程度上揭示了这种转变。李佛·薛伯（Liev Shrieber）除了在好莱坞有一份让他名声大震的工作外，还为自己开拓了一项额外的工作，为 HBO 纪录片配音。在电影事业之外，格温妮丝·帕特洛（Gwyneth Paltrow）还推出了十分迎合消费者生活品味的时事通讯 GOOP，用来推广自己的品牌和非电影产品如食谱等。莎拉·杰西卡·帕克（Sarah Jessica Parker）向《美国大观杂志》（Parade）解释道，在经历了资金短缺、难以维持生计的童年后，她十分强烈地渴望财务安全，所以现在她利用自己的名声很努力地工作着。事实上，近年来，她经营着自己的副业——一款香水，这份副业给她带来了极大的财务安全。跟我们一样，很多名人也渴望通过一些创业项目，如产品线、网站等来获取对自己财务命运的掌控权。虽然他们似乎从主业中赚了不少钱，但这样的收入并不稳定，他们甚至不知道自己的下一份工作是什么，何时到来。

Bravo 电视台的真人秀节目《真实主妇》（Real Housewives）大部分都是围绕着妇女的商业野心展开的，这或许是特许权令人上瘾的另一个原因所在。让

前言
行动起来

我们来关注一下这些商业野心。在《新泽西真实主妇》(*The Real Housewives of New Jersey*) 中，特雷莎·朱迪切 (Teresa Giudice) 推广了她的食谱和其他一些业务，同时她还分享了自己从破产边缘恢复过来的经历。在这个节目的纽约版中，一位家庭主妇宣传了自己的白葡萄酒，另一位则展示了自创品牌的烤箱。事实上，大部分的电视真人秀都是在创业精神的驱动下发展起来的，比如《与卡戴珊姐妹同行》(*Keeping Up with the Kardashians*) 及派生节目、《全美超模大赛》(*America's Next Top Model*)、《设计之星》(*Design Star*)、《天桥骄子》(*Project Runway*) 和《蛋糕店姐妹花》(*DC Cupcakes*) 等真人秀节目都是围绕着试图通过电视使自己的职业梦想得以实现的创业者们而展开的。(《蛋糕店姐妹花》中的一位明星索菲在某次真人秀的开场上说："让我们抛弃厌倦的办公室工作，跟随自己的梦想创造出世界上最好的蛋糕。")

2011年夏天推出的电影《伴娘》(*Bridesmaids*)，主演克里斯汀·韦格 (Kristen Wiig) 饰演的角色在她的蛋糕店关闭后过着跌宕起伏的生活。她努力从困境中重新站起来，白天在一家珠宝店工作，晚上回到家则烘焙蛋糕。正如她在电影结尾重新拾起她所爱的兴趣那样，观众们仍然坚信她最终会重建她的蛋糕事业。2012年的电影《五年婚约》(*The Five-Year Engagement*) 的主演是埃米莉·布朗特 (Emily Blunt) 和杰森·席格尔 (Jason Segel)，同样地，席格尔扮演的角色发现自己的经济水平在下降，在做了一段时间低薪的厨房工作后，他开始了自己的副业征程。甚至2012年的电影《美国派4：美国重逢》(*American Reunion*) 主角斯蒂夫勒 (Stiffler)，在剧中陷入了一份没有前途的临时工作，最终他接到了自己的第一份聚会策划的副业工作，成为一名创业者。

这并不意味着通过创业来寻找人生的价值和快乐是一种新的观念。早在1987年美国的婴儿潮时期，戴安娜·基顿 (Diane Keaton) 就靠自己的婴儿苹

斜杠创业家

果酱生意实现了经济上的飞跃。在1996年的电影《甜心先生》(Jerry Maguire)中，著名影星汤姆·克鲁斯(Tom Cruise)饰演的角色在剧中开创了自己的代理机构。20世纪80年代，职场妈妈的数量开始上升，很多妇女挣扎于寻求家庭和事业的平衡，很多人都乐见戴安娜·基顿努力并找到前进的方向。20世纪90年代，随着美国企业的蓬勃发展，人们担心要出卖自己的灵魂来获得奖励工资，他们想看到甜心先生能够游弋于漩涡中，并走在时代的前列。现在，当我们看到自己的工作一步步远离自己的掌控，不知还能依靠下一份薪水多久，我们想要看这个时代的电影主角和真人秀明星最终也能找回对工作的掌控权。考夫曼基金会在它的创业活动指数报告中指出，现在创业活动已达到15年来的最高点，其中44岁以下的创业者占据最大比重。谷歌追踪了不同搜索词汇的热门程度，搜索"创业者或企业家"的次数在2009年年底和2010年年初大幅攀升，而此时正是经济最低迷的时期。

这种转变也闪现了一些新名词。比如，"数字游民"建立了副业和"组合型职业生涯"，因此他们能成为不受地点约束的"独立企业家"。他们通过创建自己的在线"部落"来支持副业的发展，最大限度地推广自己的在线品牌以吸引更多的客户，这样即使是在他们休息的时间，也能销售诸如电子书和在线指南等数字产品。怀揣着对副业的激情和热爱，他们早上5点钟就起床工作，晚上熬夜到凌晨1点，迫不及待地想完成手里的项目，展示给全世界的客户。他们之中的许多人在每天全职工作开始之前或结束之后才开始经营副业，而且在某些情况下，这些全职工作甚至与他们的自主创业项目毫无关联。他们如此努力正是为了追求财务自由。

丹尼尔·平克(Daniel Pink)在他2001年的一本畅销书《自由工作者的国度》(Free Agent Nation)中首次定义了这种文化转变，他在书中说道，自己没有

前言
行动起来

预测到当前自由职业（包括副业）的发展会如此火爆，他将这种发展趋势归因于新科技（新的科技发展使人们更容易实现工作自由）和萧条的经济。他说："现今，雇主已经不能给予员工经济上的安全感了。"

雷德·霍夫曼是领英（LinkedIn）的创始人之一，在他2012年出版的一本书《创新由你开始》（*The Start-Up of You*）中讲述了类似的观点："要应对当今职业生活的各种挑战，我们必须重新激发自己的企业家直觉，并利用这种直觉创建全新的职业生涯。不论你是一名律师、教师、建筑师，亦或是一位企业老板，当下你同样需要把自己想成掌舵着至少一个人的人生的企业家，来发展自己的初创企业——也就是你的职业。"

同时，崛起的网络领袖者就是对这种直觉的肯定，他们的崛起也引导我们走上自由职业的道路。这些网络领袖有着亲和力和说服力，他们的存在证明了这种梦想是完全可能实现的。其中有一位企业家克里斯·古里布（Chris Guillebeau），写了《特立独行的艺术》（*The Art of Non-Conformity*）一书，他不断地敦促上千名追随者去思考自己是否需要保住全职工作，是否需要拥有一套房子和其他一些传统经济的主要用品。另外，他还言传身教，通过博客、书籍和数字化职业生涯指导来支撑他的生活，这些产品或服务的售价均在40美元或以上。

很多情况下，我们可以尽可能地紧紧抓住自己的主业，同时慢慢地创建起创业项目，这将给我们带来两份工作最好的部分：尽管面临着裁员的风险，全职工作通常情况下仍然能够提供健康保险（也可能是伤残保险和人寿保险）、稳定的工资、发展技能的机会、社交人脉和一个可寻求帮助的咨询平台。与此同时，副业则为我们提供了一个很好的机会来多样化收入来源，增加收入，帮助我们追求创业梦想，让我们能尝试运营一个小企业，以及对自己的工作具有更大的控制。我们从中能同时获得在公司工作和从事自由职业的双重效益。(当然，这种安排也存在不足，最大的问题在于过程中我们会感觉自己同时在做两份全职工作，后文我们将对这一点进行详细的叙述。)

不是所有人都想成为自由职业者，并且在当今的经济环境下，自愿离开一份工作听起来就像在饥荒之中烧毁粮食一样疯狂。为什么在成千上万人无法找到工作的时候，有些人宁愿辞去一份非常好的工作（虽然他不喜欢这份工作）来开创自己的企业？虽然很多人都不会这样做，但事实上支持自由职业的力量正变得更加强大，因为我们不知道现有的工作还能持续多久，并且在这个社交媒体和智能手机普及的时代，开创副业就像发一条推特一样容易。以副业的形式进行创业给我们提供了第三种选择，让我们既不用像全职创业者那样整日提心吊胆，也不会如标准的办公室生活一样枯燥乏味。

考虑到诸多好处，Elance.com 网站的自由职业者用户有 30% 都同时拥有全职工作也就不足为奇了。美国劳工统计局的一篇报告显示，有 700 多万劳动者，或 5% 左右的劳动力都同时持有多份工作。(对于持有专业性工作和高学位的劳动群体来说，这个比例超过 7%。) 事实上，副业者的实际数量可能远远高于政府的官方统计数据，因为美国劳工统计局在上周刚统计了那些承认自己不止拥有一份工作的就业者的数量，那些偶尔从事自由职业的副业者也许无法肯定地回答这个问题。

美国大都会保险公司（MetLife）在 2011 年做过一项调查，询问受访者们是如何提高自己的收入和经济安全水平的，在二十多岁的年轻群体中，有 25% 的人回答是自由职业者，有 20% 的人回答有兼职工作。在三四十岁以及婴儿潮时代的群体中，这个比例有略微的下降，但仍然很显著：17% 的 X 一代（现在正好三四十岁）回答他们会通过自由职业来提升收入水平，12% 的婴儿潮

前言
行动起来

一代（处在五六十岁）给出了同样的回答。可见，副业作为闪亮的白衣骑士，随时准备将我们从萧条经济的恶龙手中拯救出来。

这些企业家、副业者和自由职业者的热情和激情都极具感染力。他们证明了在传统经济之外创建起一种新的生活不仅是完全可能的，而且是对财务成功的一种重新定义。为了应对自己脆弱的财务状况，我决定加入他们的行列，并开创自己的事业。从高中开始，我就偶尔兼职写文章，现在我想把这份副业提升到一个新的高度，将其发展为全职工作之外的一个稳定的收入来源。受被访者的启发，我启动了自己的副业，成为一名规划师，基于我经历过的生活和设定的目标，可以是婴儿规划师，也可以是无债规划师、理财规划师。打着"帕尔默的规划"旗号，我在 Etsy 网站上开设了自己的商店。过程有激动兴奋，也有坎坷，也给我带来了力量。

经过自己的亲身体验，我发现这种创业形式也有不好的一面。它的布道者不会过多地谈论它的不好，但是作为一名创业者，你肯定会面临这些不可避免的挫折。推广自己需要一种盲目的乐观，即使产品或服务有缺陷，你也要不断地说服人们为它们买单。但是这种坚持的报酬将是丰厚的：在经历许多磕磕碰碰，错误的尝试和意外情况之后，我实现了自己的目标，这一年在正常的工资外我赚到了额外的 10000 美元。更重要的是，我终于感觉到了自由。我不再整日担心有一天会被解雇，因为如果突然被全职工作抛弃，我也已经准备好了降落伞带我安全地回到稳定的生活中。工作就像是一架波音 757 飞机，载着我们在 30000 英尺的高空稳定飞翔。现在，我们都驾驶着自己的战斗机，在驾驶舱配备降落伞就是一个标准操作程序。

几乎所有我采访过的副业者都表示，他们的副业想法源于心中的一个小灵感，他们坚信这种灵感最终能成为他们的财务安全网络。从推出定制蛋糕业务的面包师到决定开始培训业务的书店经理，新经济形势下的先锋们拥有着以下 9 个共同的特征：

  1. 他们确切地知道什么最能激励自己，并且这种激励往往开始于生活中的重大损失或其他重要事件。

  2. 他们选择的创业追求跟长期的爱好、兴趣和技能相吻合。

  3. 他们将工作和个人生活开支降到最低，并想方设法筹集资金投资自己的创业项目。

  4. 他们在很大程度上依赖于由很多志同道合的人组成的网络社区。

  5. 他们通过社交媒体和其他草根营销方法积极且毫不谦虚地推广自己的品牌。

  6. 他们都有着自己的一套时间管理策略，从而保持着主业和副业（以及其他方面的生活）的协调性。

  7. 面对不可避免的挫折，他们都会坚韧乐观地面对。

  8. 随着业务的发展壮大，他们会通过业务外包的方式支持其他小企业的发展，增强这些小企业的实力，而这些小企业也常常会通过其他方式来回报。

  9. 他们从自己的事业中获得的财务安全感和成就感远比金钱更有价值。

  通过阅读他们的故事，这本书将向你讲述如何加入副业者的行列。我们将会看到克里斯·哈迪（Chris Hardy）的故事，他是一名仪器修理工，但同时也有着一副适合卡通人物的嗓音。当他在 Fiverr 网站上以每段配音 5 美元的价格提供配音服务时，很快就接到了几份副业工作。此后他开始扩大自己的服务范围，现在克里斯三分之一的收入都来自于这项配音副业。IT 工作者贝纳·卡

前言
行动起来

特卡（Beena Katekar）和苏丹苏·沙马勒（Sudhansu Samal）是一对夫妻，他们制作了一个可以做预算的 APP，灵感很大程度上来源于他们的小女儿，她经常问还可以在商店买多少东西。这款 APP 很快获得了一些国家级杂志如《美国大观杂志》等的推荐，他们也因此在很短的时间内就销售了上千份 APP。之后，贝纳和苏丹苏继续在他们的全职 IT 工作之外经营着自己的 APP 业务。摄影师卡利·李（Calee Lee）发现在儿童的文学世界里缺少一位女性榜样，于是她撰写了一本儿童读物。现在她经营着蒸蒸日上的出版业务，这给她带来了丰厚的收入，并且这项收入毫不亚于她大学毕业后从事的全职工作的收入水平。阿莉莎·威廉姆斯（Alisha Williams）是一位渴望在田径奥运会上一展身手的运动员，在公共注册会计师的全职工作外，他不断地追求自己的跑步梦想，并最终获得了阿迪达斯和能量棒的赞助。

这本书将帮助你开创自己的副业，带你走出经济恐惧和沮丧的困境，让你的生活变得更加安定和富裕，并带你体验全职工作之外的生活满足感和个人成就感，相信你也能构建自己的经济蓝图。

目 录

致 谢 1
前 言 行动起来 3

第 1 章　寻找副业的理由 1
激励因素 7
职业保险 10
给副业者的最强指导 15

第 2 章　做好总规划 17
找到大创意 22
从全职工作中寻找灵感 26
面对现实 29
投石问路 30
准备好，去做一份副业吧！ 33
给副业者的最强指导 35

第 3 章 依靠你的副业 37

保持较低的启动成本 44

着手开始做 51

财源滚滚 55

给副业者的最强指导 62

第 4 章 结交朋友 63

从零开始 69

融入群体中 75

找到你的部落 78

给副业者的最强指导 83

第 5 章 将想法付诸实践 85

成名在望 90

打造品牌的 101 堂课 95

宣传的艺术 100

我是怎样推广理财规划手册的 104

给副业者的最强指导 108

第 6 章 时间就是金钱 109

利用好白天的工作 114

异性相吸 120

将无关的（或看似冲突的）事业结合起来 125

说"不"的威力 132

给副业者的最强指导 134

第 7 章 重新振作 135

从失败中学习 139

改变经营之道　143

给副业者的最强指导　146

第8章　业　力　147

有所作为　151

非营利性副业　157

给副业者的最强指导　160

第9章　尾　声　161

走出困境　164

寻求满足　168

给副业者的最强指导　172

结　语　副业的未来　173

副业指南　练习和工作表　187

准备好开始你的副业之行了吗?　189

寻找适合你的副业　190

建立计划　194

营销工作表　198

善用金钱　199

附录 A　最顶尖的 50 种副业　202

附录 B　需避免的五大常见误区　233

出版后记　235

01

GIVE ME
A REASON | 寻找副业的理由

我第一次见到克里斯·富林（Chris Furin）是在他爸爸位于华盛顿特区乔治城地区的熟食店里，他站在柜台后面询问我午饭想点什么。这家店是他爸爸的，他已经在那里工作了27年，一周7天，熟客都看惯了他友好的微笑。
　　41岁的克里斯看起来就像肌肉版的克里斯·克莱恩（Chris Klein）[①]，他不只接受沙拉和三明治的订单，还慢慢地建立了自己的公司。随着真人秀节目《蛋糕老板》（Cake Boss）和《纸杯蛋糕大战》（Cupcake Wars）的热播，顾客们纷纷想为自己定做个性蛋糕。克里斯说："有人想要一个美国形状的蛋糕，但一般的厨师不想做，于是就说不会做。但是我要反驳一下，我们的经济情况正堪忧，怎么能说'不'呢？因此，我接受了那位顾客的订单。于是我让厨师烤了块普通形状蛋糕，然后熬夜把它塑造成了美国的形状，但收费也高。"克里斯还说："我可以花3个小时做三明治然后赚100美元，也可以花45分钟做一个蛋糕赚300美元。"

[①] 克里斯·克莱恩是美国影视演员，拍摄过《选举》《王牌大贱谍》等影片。

他喜欢这份新的副业。克里斯说:"在熟食店的时候,我只是机械地等待顾客的到来,接受订单,不需要多少烘焙或者装饰糕点的技能。但我是一个有创造力的人,也喜欢烘焙或装饰糕点。"并且他也擅长于此。"我觉得自己有一些天赋。"

由于房产税和食品价格上涨,克里斯的爸爸努力地维持着熟食店,克里斯知道他需要做好准备,以免将来熟食店关闭而无所适从。"熟食店的生意不断恶化,账单激增。我很紧张,开始思考如果失业了该如何继续生活。"从那时候起,他便开始认真筹划创建一个属于自己的蛋糕店。

在接下来的两年时间里,每天熟食店关门后,克里斯就会在熟食店的厨房里完善他的手艺,做出各种形状的蛋糕,如黑武士、苏斯博士[1]、白宫和奔驰。他说:"我想把蛋糕提升一个档次,这样价格就能上升一个档次了。"多亏熟食店靠近乔治城四季酒店和其他高端的酒店,他可以为大牌客户制作蛋糕,包括琼·里弗斯(Joan Rivers)[2]和乌比·戈德堡(Whoopi Goldberg)[3]。他还不断接触当地餐馆和酒店的经理,当客户因婚礼等活动需要大量订单时,这些经理可以向他推介一些赚钱的机会。

在熟食店的倒闭日渐来临之际,克里斯聘请了一位自由职业的网页设计师建立了自己的网站,他从事市场营销的妻子道恩(Dawn),则帮助他使这个网站更容易地通过网络搜索被人发现。他通过大声法律网(legalzoom.com)创建了一个有限责任公司,通过 Vistaprint 公司(美国印刷巨头)订制了一些宣传册和其他营销资料,并申请了本地餐饮许可证。熟食店关闭的时候,在道恩

---

[1] 苏斯博士是美国著名儿童文学家。
[2] 琼·里弗斯是美国喜剧演员。
[3] 乌比·哥德堡是美国演员和作家。

第1章
寻找副业的理由

的帮助下,他还利用当地媒体,包括《华盛顿邮报》在内,进行了报道,同时宣布蛋糕店开业。他确信能将熟食店的老顾客重新引导到他自己的蛋糕店来。

2011年7月31日,熟食店正式关闭,克里斯在感到害怕、悲伤的同时,也是快乐的。因为早在他感到困顿的时候,就已经做好离开这份工作的准备,然而他尚不确定自己能否从蛋糕生意赚到原本的收入。那一天,他跟其他员工道别后,带走了客户数据库,里面有好几百人的资料,还带走了一些搅拌器和货架,满怀期待想要成功创建一个自己的公司。

熟食店关门不久后,我们有一次在电话里谈论到他的公司,克里斯便邀请我去参观他的工作。我去的时候,他正在厨房外面准备一个订单,他家位于华盛顿特区不远的马里兰州罗克维尔市,两条白色的小贵宾犬在门口招呼了我,然后克里斯把我迎入二楼的厨房,他和曼纽尔(Manuel)正在清理上午烘焙后略显杂乱的厨房,曼纽尔是熟食店的老员工,现在为克里斯工作,每周只工作几个小时。克里斯说:"在家里做事一个月可以节省5000到10000美元的房租。"此时他的手指正沾着红色的糖粉。"另外,"他开玩笑地说,"我的厨房可比熟食店时候的餐厅干净一百倍。"他标准型号的烤箱并不能容纳大尺寸的蛋糕,于是他分块烘焙,然后用糖霜将蛋糕黏合在一起。装着蛋糕粉、面粉和糖的大型塑料密封容器依次排列在地上,阳光透过橘黄色的窗帘照进来,让黑色花岗岩台面上的污点更加显眼,这些都是早上辛勤做蛋糕留下来的。

一周的蛋糕订单依次在布告板上排开,旁边是两张照片,一张照片上琼·里弗斯正炫耀她橙色和棕色的爱马仕包形状的蛋糕,另一张照片是粉红色和白色的芭蕾舞者形状的蛋糕,蛋糕上的芭比娃娃穿着用糖衣做成的波浪形的裙子。克里斯说:"一位顾客想要一个蛋糕为她的女儿庆祝生日,所以我在Google上找到了这个公主蛋糕。"

斜杠创业家

　　那个公主蛋糕正放在地下室车库中，这个车库被改造成了厨房的一部分。棕色头发的芭比娃娃裹着保鲜膜，从粉红色和白色的翻糖裙子中露出来。当那位四岁的小顾客吃完蛋糕后，她就可以得到这个娃娃。另外在冰箱里还有一个四层的白色婚礼蛋糕，一个有着一家本地公司商标的红色蛋糕，大量做糖衣用的费城奶酪以及喜力啤酒。安置好这些蛋糕与原料后，克里斯一天的工作就结束了。从熟食店拿来的银板托盘、一包包的坚果、彩色糖屑以及蛋糕盒堆放在房间里，另外还有克里斯的一些重物和摩托车，以及一个2500美元的工业尺寸的冰箱，这个冰箱也是他最大的开销。

　　厨房边上的饭厅则作为他的办公室，桌上只有三样东西：笔记本电脑、满是发票的文件夹和印有"克里斯·富林的蛋糕店"标志的宣传册。（克里斯说，他的妻子道恩并没有因为他把家当作工作场所而不满，因为她希望他能成功。而且克里斯会在晚上她下班之前把家里收拾干净。）这个星期他已经卖出了1800美元的蛋糕，而成本只占10%~15%。销售额起伏不定，上周达到3600美元，但有时连它的一半都不到。虽然还不能完全取代他原来从熟食店获得的收入，但已足够他维持经营和生活了，并且他还在努力地扩大公司，吸引更多的顾客。克里斯说："我今年想赚10万美元。就等着看吧！"他计划把这个目标作为公司扩张的起点。可行的方法包括：推出邮购饼干业务，增加引荐人以获得更多的订单，以及制造更高档次的蛋糕。

　　他的生意不仅使他脱离了财务困境，而且给了他自由。不再受限于熟食店的工作时间，他现在可以控制自己的日程安排。他说："我想工作的话就去做，想休息一天骑我的摩托车兜兜风，我同样能随心所欲地去做。"

　　"不管做什么，你都需要有一个备用计划。"克里斯是商业书籍的忠实读者，他问我的备用计划是什么，当我告诉他我的自由职业工作时，他似乎很欣

第 1 章
寻找副业的理由

喜。克里斯说道:"对整个国家来说,我们没有做任何贡献,只是在消耗。因此我们都需要承担起自己的责任,做更多的事情。"这个周五的下午,他将一个蛋糕装进了自己的货车,并准备专心地做这份工作。

激励因素

当我问其他副业者,为什么他们能早上5点钟就起床写博客,然后接着去上班,或者为什么他们为了追求自己的理想愿意牺牲那么多个人生活,他们几乎都有一个具体的故事要告诉我。美国劳工统计局的报告显示,美国人从事两份或两份以上工作的动机,是为了赚更多的钱满足开支或偿还债务,也有人是纯粹享受自己的第二职业。但这只是浅层的目标。在我的采访中,人们追求副业通常指向生活上的大变化,比如成为父母,或者经历了脆弱的时候,如失业或者害怕失去主要的收入来源。

乔·凯恩(Joe Cain)从纽约警察局局长的位置上退休下来,现在住在纽约郊区。为人父促使他开始副业工作,他注意到他的很多下属同僚都通过兼职工作来补贴收入,于是创建了一个网站(sidegig.com)。在这个网站上,退休的警察和消防员能宣传他们的各式服务,从司法鉴定到维修服务等。他还注意到一些人包括其他警察,更喜欢和携带徽章的警察有业务往来,正如乔所说的:"警察只相信其他的警察。"

自2000年以来,他的网站已聚集了全国成千上万的人在上面发布岗位帖。"警察和消防员经常会从事兼职工作。"乔解释道。主要是因为他们的职位工资相对较低,而他们的技能又很容易运用到安保或承包工作中。他说,老一代的警察也有这样的传统,会做一些副业来保障自己的退休生活或是补贴收入养家糊口。如今，48岁的乔发现，越来越多的警察和消防员都在寻找副业，以避免潜在的失业风险带来的财务危机。乔说："新泽西州正在疯狂地裁减警察。那里的公共部门已经无法再提供安全感了。"

因此，乔说："每个人都在为生活奔波，努力赚钱。以前我们觉得找一份在爱迪生联合电力公司（Con Ed）的工作，生活就无忧了。如今，这种心态早就过时了，人们不得不更加靠自己自力更生。"

对于乔来说，他发展副业的目的不是为了钱，至少一开始不是为了钱。1987年，他还是纽约布朗克斯区的巡警，因为投资共同基金而致使财产几乎损失殆尽。于是，他决定学习投资，以防止类似的损失再发生，他报名参加了税收和金融课程。最终，他成为一名注册税务师，并开始帮助同事合理避税。他喜欢这项工作，但是随着他在警察局的职位升迁，能用来做这份副业的时间也就变得非常有限。

作为局长，他经常值班，即使是下班时间，他家里的电话也会经常响起。他总有做不完的文书和管理工作。2001年9月11日[①]，继两岁的女儿之后，他的儿子出生了。经历了这漫长的一天，感受了强烈的情感波动，他最终坦然地做出了决定："我问自己，是想成为长官还是成为父亲？"他选择了后者。

三年之后，他从警察局退休，并满怀壮志决心发展自己的副业来养家糊口。"我存了一些钱并把想法与妻子和盘托出。然后我们俩一致认为，短时间内我们的生活会比较紧张，但是不妨一试。"在这次创业的过程中，他的退休金起到了重要作用。

现在，他的儿子和女儿正要步入青少年时期，他的企业"顶好财务集团"

---

① 2001年9月11日，美国发生了"9·11"恐怖袭击事件。

第1章
寻找副业的理由

（Finest Financial group）也在日益壮大，拥有的客户数量超过了1000人，带来的收入很容易就替代他作为局长时的收入，并且他说他的生活因此变得十分美好。在夏天和其他淡季时间，他一周工作3天半。（在报税季节，他有10周的时间，每周工作60到70个小时。）他的办公室离家仅1英里远，乔说他从来没有错过一场音乐会、少年棒球联赛以及家长会。"我们是直升机父母。"他开玩笑地说道。

塔拉·金泰尔（Tara Gentile）的故事也始于家庭。2008年，她在鲍德斯书店（Borders）①工作，年收入为28000美元，但每天需要工作很长的时间。她有一个6岁大的女儿，她很希望有更多的时间跟女儿相处，于是开始寻找转行机会，并决定发展线上培训业务——致力于培养创新型企业家。她于2009年1月推出了自己的网站，一边在鲍德斯书店工作，一边经营着这个网站。她最终离开了鲍德斯书店，并专心发展自己的事业。两年后，住在宾夕法尼亚州雷丁的塔拉为她的家庭带来了150000美元的年收入。

快30岁的塔拉参加了2011年"她博客"（BlogHer）会议，我设法和她取得了联系。我想要了解她是如何从一位没有发展前景的零售工作者变成一位创意企业家发展领域内最出名且收入最高的带头人之一。

塔拉解释说："做好事业就要不断地弄清楚我能做好什么，我真的想做什么，人们需要我做什么。我主要的业务是一对一的商业理念、灵感和指导服务和多样化的信息产品，如博客、电子书和赚钱的艺术。"实际上，她的电子书业务给她带来了60%的收入，而培训服务则带来了剩下的40%。

在这个过程中，她的动机也悄然发生着变化。一开始她只是想花更多的时

---

① 美国第一家进行全球性扩张的图书零售商。

间陪伴自己的女儿，并用一份新的收入替代原有的收入。但是，当她意识到自己的工作对别人也很重要时，她感到强烈的成就感与满足感。

这也是为什么她对于经常出差或在类似"她博客"这样的会议上讲话，也能感到很满足，即使这意味着她远离家人。正如她在网站上对潜在客户说的那样："简单地创建一个产品，设计一种服务，然后竞购报价是远远不够的。你的工作必须要符合你的核心理念，这样才能实现它的商业潜力。当我不断根据核心理念调整自己的工作时，我逐渐发展起了自己的事业，并实现了自由和财务独立。"她的"核心理念"或者说真正的激励因素就是帮助其他创业者成功发展他们的事业，而不是在某个连锁书店的底层工作。

职业保险

芝加哥人妮科尔·克里马尔迪·埃梅里克（Nicole Crimaldi Emerick）创建了"职业女孩"网站（mscareergirl.com），这是一个为像她这样的年轻大学毕业生设计的咨询博客，想法十分具有创意。她在一个互联网创业公司上班，每天早上5点起床，挤出上班前的时间来发博文。她记述了她和她的朋友找工作的经验：不确定性、保持联系的重要性以及逐渐兴起的社会媒体的强大力量。对她来说，职业保险意味着有一份稳固的联系人清单以及拥有多样化的收入来源。因为在你面临裁员的时候，你便可以随时给联系人清单上的人打电话。"你永远不知道职业生涯将会发生什么。所以必须要有一些副业傍身，这样对未来才更有控制力。"她说道。

拥有迈阿密大学金融学学位的妮科尔说："刚开始的一年，我每天都发布博文。"起初，她一点钱都没赚到，但是随着关注者的日益增多，她开始接受

第 1 章
寻找副业的理由

付费的演讲邀请，同时在网站上发布广告以带来额外收入。她很快就有了自己的工作室，为当地就业中心提供咨询工作，主持一些网络职业交流活动。

在她开办网站的两年半后，她突然被辞退了。尼科尔说："被解雇的那一刻，我的第一个念头是，'真棒，现在我可以为自己工作了。'在过去的两年里，网站工作难免会对我的日常的工作造成干扰。然而我喜欢写文章，发推特。"从那时起，她全身心地投入到网站工作中，并获得了稳定的收入，而之前她只是把网站当作一个爱好来做。

被解雇后不久，妮科尔就在芝加哥主持了她工作以来最大的一次网络职业交流活动，"职业女孩联络会"（Ms. Career Girl Connect）。每人缴纳 15 美元就可以聆听包括小型商业主和 Career-Builder 网站的社交媒体经理在内的五位女士讲述如何走在时代前面，有 80 多位年轻女性参加了这次活动。活动还设有抽奖，中奖者可以获得免费的生活培训课程和水疗礼券，还能够从时装展示会的时尚人士那获得时尚建议。妮科尔说："我想切断网络交流的尴尬。"并且她认为购物能够帮助女性做到这一点。她计划通过赞助来提高营业收入，并计划发展不同的主题，如个人理财或房屋所有权问题。现在她正在考查能否将她的职业理念发展到其他城市。

妮科尔说，如果没有被解雇，她也不会有时间去发展客户关系、推广自己的业务，并创建自己的品牌。"这是一件多么幸运的事啊，因为我还很年轻，我想要为自己工作，而不是用我的努力为他人创造财富。"

尼科尔告诉我，以现在业务的发展速度来看，她预计几个月后就能超过她原有的年收入。另外，跟塔拉一样，她也发现现在的事业远比她以前的工作更有意义。"现在我的工作是为了帮助女性获得职场上的成功，以这种方式获取报酬让我觉得很有成就感。"

斜杠创业家

对于电视新闻记者和创业活动家托里·约翰逊（Tory Johnson）来说，她的创业之路同样始于公司的一次裁员。20岁时，她获得了自己梦寐以求的职位，美国国家广播公司（NBC）的网络电视公关。但是有一天她突然被解雇了。她辗转于尼克国际儿童频道和杂志社，但是始终不能摆脱内心的不安，仅仅依靠单一的收入来源。她说："解雇通知书给我留下了永久的疤痕。"所以她决定创建一个自己的公司"求职女性"（Women for Hire），这是一个为女性创办的在线招聘和提供人才招聘会的公司。带着两个孩子，托里投资了5000美元，并开始筹划在曼哈顿中心举办她的第一场人才招聘会。"对我来说，只做一份工作，期待一种收入来源，是一件高风险的事情，"她说，"没有什么比赚钱更能让你拼命干活的了。"

现在，托里不仅作为特约撰稿人参加美国广播公司的《早安美国》（Good Morning America）节目，还创建了自己的第二家企业"星火燎原"（Spark and Hustle），主要业务是为有抱负的女企业家组织会议。这些会议很快就聚集了很多人，她将这些会议之所以受欢迎归因于经济状况。"'我失业了并且找不到工作''我每天都提心吊胆怕失业''我十分苦恼我的工作，因为一半的部门都在裁员，这是一个令人痛苦的工作环境''当我为获得一份薪水而兴奋的时候，我并不知道这种生活能持续多久，而我想要筹划一种更有意义的可持续的生活方式以提供至少同样的财务保障''我曾是全职妈妈，直到丈夫失业，我必须开始为家庭的财务状况做出贡献'……"托里在会议上说道，这些都是女企业家曾经所经历过的。

托里在会议上提到，一定要明白自己为什么想要成为一名企业家，这一点很重要。

第1章
寻找副业的理由

你要对自己的动机和目标非常清楚。也许有人会说："当然是为了赚钱，要不然就是为了得到更多的控制权。"那么更进一步考虑呢，为什么你需要赚这个钱？对我来说，是为了保护我的家人免受解雇通知书带来的巨大痛苦。对于其他人，可能是为了给家人支付医疗费用，或者缓解他们丈夫养家糊口的压力……明白这些非常重要，因为奋斗的过程是艰辛的，将来的某些时刻，也许你会问自己："能不能做一些其他更轻松的事情呢？"但是当你明确了为什么要如此奋斗，奋斗是为了什么时，就会感受到一种动力，它会一直激励着你前进。

这实际上很好地总结了当前最前沿的一个研究，这个研究探讨了实现自身目标的最佳方式。过分关注如何减肥、如何让新的事业成功往往容易阻碍我们前进的步伐，因为当不期而至的障碍干扰这些计划时，我们会感到很沮丧。相反，如果关注这些目标背后的最初动力，是为了财务安全或更好的家庭生活，则会显著提高我们成功的概率。这是特拉华大学的目标专家和商业教授朱莉娅·别利亚夫斯基·巴尤克（Julia Belyavsky Bayuk）和她的同事在研究中发现的。他们以一组大学生作为研究对象，并要求其中一半的学生制定一个详细的储蓄计划，然后用75美分一个的糖果吸引他们消费。

研究发现，最容易让自己在糖果上超支的学生正是制定储蓄计划的那组学生，这可能跟你期望的完全相反。而那些更为抽象地思考为什么要省钱的学生，反而更有可能减少糖果的消费并节省零花钱。巴尤克把她的这种发现归因于这样一种事实，即抽象地思考动机能帮助我们保持一个开放的头脑，从而充分利用一些原计划之外的突发机会，并从容地应对难以预料的挑战。毕竟，在现实生活中，具体的计划随时可能被破坏。比如，客户没有支付订单，新产品投放市场后无人问津，发送电子邮件时网络连接失败等。如果我们能始终关注更大的目标并重新筹划，那么这些阻碍就不会致使我们偏离前进的方向。

巴尤克解释说，从中我们可以学到一个教训，如果我们能重点关注目标背后的深层原因和动力，然后再考虑如何实现，那么成功的概率将会倍增。她还补充道，时刻提醒自己"我的目标是什么"，这一点很重要。

对于大多数人来说，最终工作的目的并不是完全为了自己，就像妮科尔和托里被解雇后所做的，或是塔拉和乔创立副业时候的行动。普通人的目标也许更加微小，但同样充满雄心壮志：在我们的主业收入之外，发展出第二种稳定的收入来源，这样我们就有了财务保障，不再受限于莫测的雇主。具体的财务动机往往因年龄而不同：二十多岁的年轻人一般因为工资过低、失业或大材小用而需要一份副业，来充分利用自己所受的教育和潜力；对于工资停滞的三四十岁的人来说，面临着急剧上升的家庭责任，他们迫切需要增加工资收入来养家糊口；而那些在过去十年间经历了收入和资产日益下滑的四五十岁的人，则需要在退休前改善自己的财务状况；六十岁及以上的人则更多地为退休生活而准备资金，尤其是在生活成本不断攀升的今天，这样的准备尤为必要。

不论什么年龄段，副业带来的第二份收入能填补主业收入与家庭总支出之间的差距，也弥补了升职无望或面临减薪的缺失。如果我们真的失业了，这份新工作还能继续支撑我们的生活，并且帮助我们保持职业身份，获得新技能，建立新人脉。

第 1 章
寻找副业的理由

给副业者的最强指导

- 成功的副业者最初总有一个特定的原因或激励因素驱使他们追求副业。
- 重大的生活变化,如成为父母或被解雇,常常会激励人们追求更强大的财务保障。
- 有一些成功的副业者会选择在副业开始之际放弃自己的全职工作;其他一些副业者则更倾向于平衡主业和副业。

02

THE MASTER PLAN | 做好总规划

2010年春我休完产假回到工作岗位，不久经济就陷入停滞。于是一系列的假设不断萦绕在我脑海中。如果我失业了怎么办？如果我丈夫苏杰失业了怎么办？如果我们同时失业了怎么办？我从未感到过如此大的风险。如果我还是那个二十多岁的记者，没有孩子，没有房贷，我可以假装一切都会好起来，因为失业了，我也可以重新找一个中层职位，即使薪水不多也没有关系。但是现在，我成了妈妈，有了房子，如果我失去了工作，事情会变得非常糟糕。如果我们还不起房贷怎么办？如果我们将来不能供女儿上大学怎么办？我们退休了怎么办？

  这些思虑让我深陷焦虑，再加上半夜频繁醒来照顾女儿，我几乎无法入睡。然而，在全职工作之外设法赚钱的想法让紧张不安的我安心工作，这也是我期待许久的愿望。多年来，我一直很羡慕那些似乎毫不费力就能获得财务成功和满足的人，他们有的在Etsy网站上销售钩织围巾，有的通过克雷格网站找到客户在周末提供木工培训。通过多种途径赚取收入的理念对我来说就是财务安全的"圣杯";我梦想着找到自己的多重收入流,正如一个浪漫的 16 岁女孩梦想着某天步入婚姻的礼堂。

我发现我可以从自由写作开始,虽然它需要投入大量的时间成本,却只能得到微薄的收入。但是,一个随时可能下岗的记者,在一家挣扎求生的杂志社,这自由工作本身就是一种奢求了。

另外,我还想做更多的演讲,因为有个作家曾告诉我,定期获得的演讲费 5000 美元让她能够支付生活账单,于是她能够花大部分时间来追求利润微薄的写作事业。自从我个人的财务书籍《创收一代》(Generation Earn)发行后,我接到了好几个演讲邀请,虽然还赚不到 5000 美元,但它们的确支持了我的一些开销,而且我喜欢与听众相处和交流,广泛传播财务知识。我想如果我能重新设计网站来展示演讲视频和发行的书籍,并与有意向邀请我演讲的组织接触,也许这份事业最终会成为我的一个稳定收入来源。

不过,短期内我想追求的是另外一些东西,就是做一些有趣、有创意又有潜在利润的事情,我很清楚这些事情是什么。有读者曾给我发了一封电子邮件,询问我第一本书是否有配套练习册。她说如果所有的练习和任务清单能够汇总在一个册子上以便她做笔记,那么她看起书来会更有条理。的确,目前还没有练习册上市,我想我可以编写一本,并在亚马逊上作为电子书来销售。

与此同时,我采访了三十多岁的埃米·斯特林格-莫厄特(Amy stringer-Mowat),她是在 Etsy 上开店的前设计师,她的故事始于一次公司裁员。在经济衰退中,她失去了零售设计工作,于是离开布鲁克林并成为一名自由职业设计师,2010 年 4 月她曾为自己的婚礼设计了各州地图形状的砧板。她有丰富的设计经验,所以知道如何设计和制造木制品,而且她也有必要的工具和设备。婚后,埃米便在 Etsy 网站上展示了她的三个砧板。两个月后,她就接到《食

第 2 章
做好总规划

品网络杂志》(*Food Network Magazine*)和《返璞归真》(*Real Simple*)的采访,这两份杂志将她的砧板作为年度节日礼品指南中的特色选项。埃米说:"虽然还没有完全准备好,但我过去有小规模制造类似产品的经验,并且我们有工作场地和机器,也知道如何订购包装盒。"截至年底,她已经销售了5000多个砧板,并获得了六位数的收入。

在采访埃米前,我在Etsy网站上研究了她的店铺,发现自己被Esty上的纸制系列产品所吸引。卖家设计编写日历、饮食计划,甚至派对策划,以PDF的格式进行销售,不涉及运输问题。我很快从中获得了灵感:与其销售听起来太像家庭作业的练习册,我不如设计撰写理财计划,并以数字文件的形式在Etsy网站上销售。这样既可以帮助人们更高效地管理他们的财务,还能以此为基础帮助人们去面对生活中的大事件和目标,如生宝宝、偿还房贷等。

于是,我很快进入了执行模式,起草了我的第一篇理财规划书,文章中我向读者介绍了财务预算、精明储蓄和理智消费的一些重要建议。开始的几页意在让读者仔细思考自己高层次的财务目标是什么,以及他们对财务成功的个人定义是什么。文中的图表帮助读者确定他们的资产净值并管理所有的账户和密码,各种理财策略贯穿于整篇文章,比如怎样制定良好的财务预算,将储蓄投资于何处能得到最佳的回报等,这些都可以帮助读者做出更明智的理财计划。鉴于Etsy网站对美感的重视,我努力提高了这篇理财规划书的视觉吸引力。我雇用了一位插画师创作了绿色配白色的封面,然后整篇文章穿插了她的插画。另外,我在Etsy网站上找到一本书,仔细钻研如何才能在一个网站上盈利,并从中学习别人的成功经验。显然,诱人的副本和漂亮的图片也很关键。于是,我花了很长时间挑选和裁剪相关的图片,在书中展示。

经过两周时间的构思,我的第一篇规划书终于开始销售了,我的商店"帕尔默的规划"也开始在网站上运营。每次登录网站看访问量统计时,我都很紧张,因为起初,每天的访问量只有10个左右,而且大部分都是我的家庭成员。然而,我对自己创造的这个店面还是感到很骄傲。这跟我出版书籍时的感觉是不一样的,因为即使我的名字印在那本书上,但它更多的是由我和编辑团队合作的成果,而我的商店则完全是由我自己精心建立起来的,我对此感到很自豪。

一周时间过去了,我始终没有一个订单,渐渐地,我的自豪感也减弱了。但幸运的是,这种收入低迷期只是短暂的。

找到大创意

我采访的很多副业者关注身边的世界,也许是某次经历,也许是多次经历,仅仅如此就将自己的想法发展成为一个小型企业。三十多岁的塔拉·霍伊泽尔(Tara Heuser)有着艺术史学位,在华盛顿特区工作,有一次她的朋友由于出差请她帮忙照料两只猫,之后她便开始了照料宠物的副业。被公司解雇后,塔拉就开始寻找更多需要宠物照料服务的客户,并且她还在克雷格网站上贴出广告。现在,尽管她找到了全职的工作,她还是维系着6个客户,帮他们照料宠物,并不断寻找更多的客户。宠物照料费每晚是60美元,这些费用可以弥补她朝九晚五工作的微薄收入。

贝纳·卡特卡和苏丹苏·沙马勒夫妇都在波士顿从事信息技术工作,他们在超市里经历了顿悟。在超市里,5岁女儿不停地要买玩具。贝纳说:"我们说'不'但女儿会一直问'为什么不'。"为了更容易跟女儿解释原因,夫妻俩在手机里编写了一个简单的程序,可以让女儿轻松比较存钱罐里的钱和玩具的价格。如果玩具成本已经超过了存钱罐里的钱,程序就会拒绝她买玩具的要

第 2 章
做好总规划

求。如果储蓄足够，程序就会说："可以买。"

这个程序的效果非常好，于是贝纳和苏丹苏开始琢磨怎样才能创造一个更高级的版本，并做成 APP 对外出售。最终，他们设计出一个程序，用户只需要输入储蓄、开支、债务等参数，同时输入想购买的产品成本，APP 就会给出答案：批准或拒绝。如果答案是拒绝，通常有两点原因："你没有足够的储蓄"或者"你有债务未还"。贝纳和苏丹苏说，这个程序的部分好处在于可以让人们很清楚地了解自己的财务状况。

他们做完这个 APP 后不久就放在苹果应用商店销售，人们就可以花 1.99 美元在苹果应用商店购买到，它也成为美国大观杂志排名第一的理财应用。贝纳和苏丹苏的这款 APP 很快就获得了 1000 多次的下载量，并且他们计划对这款 APP 进行进一步的升级和功能拓展，以扩展收入。

克里斯·哈迪的副业灵感则来源于一个广播脱口秀节目。他是北卡罗来纳州一所学校乐队的乐器修理工，当他了解到 Fiverr.com 网站上的一切产品和服务均以 5 美元的价格进行出售时，便开始思考他能做什么来赚取 5 美元。四十多岁的克里斯曾经是一位配音演员，于是他决定利用自己的天赋，用卡通声音来配音。他在网站上发出帖子称："可以用你指定的卡通声音来为你的留言或消息配音。"

两周之后，Fiverr 网站便将他的配音服务作为特色产品挂在了首页上，给他带来了激增的销量。现在他一天能接 20 个订单，有望今年能赚到 10000 美元。他每天花 2~5 个小时录制和编辑卡通声音。他说："对于只需要简单编辑的录音，收费 5 美元；对于需要更加专业编辑的录音，再额外收取 5 美元。"

克里斯说道："就像有源源不断的现金在流入我的贝宝（PayPal）账户。"起初，他把这些钱用于妻子的大学费用，包括 800 美元的书本费。后来，他和妻子决定移居乔治亚州奥古斯塔，于是来自 Fiverr 网的收入变得更为重要了，因为他决定转行做一个家族式音乐商店的独立承包商。他用严肃的语气说道："Fiverr 现在是我的第三大收入来源，而且我可以自由安排时间。"（每当我跟他交流，总感觉自己在打断一个电影预告片的解说员。）

正如塔拉、贝纳和苏丹苏、克里斯的故事所展示的那样，副业的选择非常个性化，合适的副业就像一条合身且中意的牛仔裤，弹性刚刚好。副业者们想方设法利用自己的独特技能和兴趣爱好，同时考虑是否适销对路。有些副业能让我们有机会实现儿时的爱好，或者重拾长期废弃的技能，同时也能让我们利用自己的才智，如声音模仿和妙语连珠的推文，迅速吸金，满足当前的财务需求。

如果你正在阅读这本书，可能你此刻对自己想要从事的副业有了初步的想法，又或者你已经推出了自己的副业。但是如果你仍在寻找最初的灵感，那么下面几个全局性的问题能帮助你激发一些潜在的副业想法：

1. 你在空闲时间一般阅读什么或者在网页上浏览什么？
2. 你跟朋友最常讨论什么？或通过邮件联系的主题是什么？
3. 朋友和家人最可能在哪些事情上征询你的意见？
4. 什么事能让你心生嫉妒并渴望自己也能从事这件事，是朋友的某些成就还是脸谱网的某些文章？
5. 你最喜欢怎样帮助他人？
6. 只有你能做成的事情有哪些？
7. 你乐意免费提供哪些服务？
8. 你认为的榜样人物是怎样找到新的收入来源的？

第 2 章
做好总规划

9. 对你来说很简单，但其他人会觉得难的事情有什么？

10. 你最喜欢自己的全职工作中的哪一部分，并希望在这一部分上分配更多的时间？

找朋友回答这些问题还能让你弄清楚别人是怎样看待你的，无意间也许你会从中发现自己的副业优势。你可能会非常惊讶地听到，他们认为你是一个聚会策划专家，或是觉得你总能给出最好的婚恋关系建议。想要获得更多的想法和灵感，你可以翻到书本最后面的"副业指南"。那些练习将启发你副业的想法，同时还列有当前最流行且利润较高、最顶尖的 50 种副业形式。

副业网站

其他副业者用于宣传他们产品和服务的网站也许也能帮助你激发一些创业想法。下面是一些顶尖的网站资源：

Craigslist.org：它的旧学院派风格使这个网站用起来特别顺手，人们会在网站上营销从辅导到草地照料等一系列的服务。

Elance.com：创意专业人士会聚集在这个网站上提供市场营销、写作、销售和其他专业性服务。

Etsy.com：这个网站以艺术家创造的手工制品和复古物品以及其他创新性产品为特色，大力强调产品的视觉感染力。

Fiverr.com：这是一个奇特的新兴网站，任何产品和服务均能以 5 美元的价格进行出售。

Freelancer.com：和 Elance.com 类似，这个网站是为了兼有技术和创意的在线专业人士寻找工作而服务的。

Guru.com：电子商务、机械工程和设计类的项目在这个自由网站上最流行。

Odesk.com：这个网站以网页开发、写作、设计和其他在线技能为特色。

从全职工作中寻找灵感

事实上，最能激发你的创业灵感的，还要数你的日常工作。我采访的大多数副业者都是利用他们的全职工作的一些变体或分支来发展副业的。马娅·海克－默林（Maia Heyck-Merlin）起初在纽约市一家非营利教育机构"成就第一"（Achievement First）担任高级顾问，她注意到共事的许多老师、校长和管理者都疲于保持工作的条理性。作为一个总是井井有条的人，她开始跟同事们分享她的诀窍。曾任教师的她逐渐发展起了一种称为"归属感"的方法，这种方法对一整天需要接收各种不同信息的教育者来说尤为有用。她说："当你整天忙碌工作，没时间去洗手间，没时间回复父母的邮件、短信或电话留言，也就很难保持工作和生活的条理性。"

三十五六岁的马娅逐渐开发出一些自己的时间管理策略，越来越多的教师开始向她寻求帮助。她开始为教师和校领导组织讨论会。一位在"为美国而教"（Teach for America）组织工作的前同事给她介绍了一些教育管理人员，这些人有兴趣进行一对一的培训。随后，位于纽约的诺雷教育学院听说了她的工作，聘请她为兼职教授，而她也因此获得了更多的客户。为了在全职的办公室工作和创办的公司"当务之急"（Brass Tacks）之间维持平衡，她在生活中应用自己的时间管理技巧：她早上提前开始自己的办公室工作，下午4:45下班，然后跟女儿和丈夫相处到晚上7点，每周两晚与客户进行电话培训或跟老师们进行交谈，这样的培训和交流一般持续到晚上9:30。

最近她将全职工作的时间缩减到50%，还可能进一步缩减，这样她就有更多的时间发展培训业务，同时她还在推广新书《高效的老师》（The Together Teacher），但马娅并不准备完全放弃她的全职工作。她说："我喜欢这份工

第 2 章
做好总规划

作,我并不愿离开。"而且她发现她的老板非常赞同她从事副业。她说:"这个副业能提升公司的品牌价值。"因为从这家非营利公司走出来了一位时间管理专家。

在平衡主业和副业的过程中会产生许多压力,但是她觉得这是值得的,因为在帮助其他老师提升工作效率的过程中,她获得了精神上的满足。教师们常常跟她说:"谢谢你,现在我可以更长久地从事这份工作了。"已经有越来越多的教师不再热衷于教学,离开了工作岗位,于是她觉得现在正是她的技能和激情发挥用武之地的时候。

曲棍球教练埃米莉·比奇(Emily Beach)是我儿时的邻居,她同样是在工作中找到了创业的灵感。在一次策划3~5岁儿童曲棍球比赛的会议上,她第一次有了开发有助于培训球员左手运球的曲棍球棒的想法。她说:"当想到球员们不能理解我的方法或者左手无力时,真的是一件非常糟糕的事情。"

一些教练会将卷纸筒卷在棍棒上防止球员用右手控制,市场上也没有任何可以用于传授这些技能的耐用产品。于是开会时,埃米莉就在一张便条纸上画出了带旋转握把的球棒草图。那天晚上,她回到家中用手錾加工了一根旧球棒,她在棍子上削薄了一段,套上了管状的塑料软垫四个多小时后,她制造出了训练曲棍球棒的一个样板。她回忆道:"我怕它被偷,甚至不把它拿到屋外面去。第二天,我便开始到处联系,找知识产权方面的律师。"

2009年,历经两年的专利申请被批准后,她终于不用担心自己创作的"运球博士"被抄袭了。身为教练的她利用各地参加会议和比赛的机会,建立了稳固的潜在客户网络。

很快埃米莉在她父母位于华盛顿特区郊外的房子地下室里设立了一间工作室,150根棍子紧挨着包装纸和圣诞装饰品,悬挂在房间的椽条上,等待着埃

THE ECONOMY OF YOU
斜杠创业家

米莉把它们变成"运球博士"。在车库里,埃米莉开始了工作:她穿上运动裤和长袖,戴上用来防止被飞出去的碎片伤到的护目镜和面罩,用带式砂磨机削薄木棍,以便套上管状塑料软垫,最后用握柄胶带固定住。她的棒球棍在巴基斯坦也已经发售,每个售价 25 美元。

当三十出头的埃米莉在华盛顿特区的乔治城大学担任曲棍球教练时,她就创办了自己的公司。很快她就接到了新泽西州霍博肯市的斯蒂文斯理工学院的电话,招募她来训练一支曲棍球队。在面试中,她未来的雇主询问了她的专利。他们希望她在教授曲棍球技巧的同时,能向球员们,尤其是打算进入工程或技术领域并梦想创造专利产品的球员介绍她申请专利时用到的法律和商业规范。她说:"这是一次机会,而且我很乐意分享我的经验。"

在教练工作之外,埃米莉不断壮大自己的公司。她以单价 40~60 美元售出了 200 多个曲棍球棒。此外,她还与一些运动公司在有关专利收购的事务上进行了初步探讨,若这项交易谈成,将会给她带来一份巨大的收入。

马娅和埃米莉的故事告诉我们,追求一份跟全职工作紧密相关的副业,实际上对你的老板也是有利的。一份副业如果能被老板看好,或者教会自己额外的技能,如 html 编码或处理公共关系,并且你的老板也能利用这项新技能提高公司的竞争力,那么它将给你带来双重收入——副业收入和正式工资的增长。实际上,经营一个副业公司的经验本身就是雇主所需要的。Y 世代咨询公司千禧品牌 2012 年的一项调查报告显示,1/3 的雇主在评估潜在应聘者的时候,看重创业经验。(如果你的雇主不太支持你的副业,或者你的两份工作有冲突时,你可以阅读第 6 章,里面给出了处理这种矛盾的具体建议。)

正如丹尼尔·平克在《自由工作者的国度》中谈论的那样:"曾经会使你被解雇的私活,现在可能会成为你获聘的工具。"

第 2 章
做好总规划

想必现在这些故事已经激起了你的一些潜在灵感，可以作为你个人财务的降落伞，那么接下来让我们找出那些能顺利打开的降落伞，带你着陆到财务安全之地。

面对现实

一个成功的副业者除了专注于自己想做的事，还会仔细盘算收支平衡等式的另一边：人们会把钱花在哪些地方？一些副业的支持者觉得没必要进行这部分的交流，因为他们认为只要你足够努力，一切皆有可能。在某种程度上讲，他们是对的。你可以出售猫毛制作的手工钱包吗？当然可以，事实上，有人正在 Etsy 网站上销售这类产品。将你丰富的流行文化知识写进博客并出售能赚上千美元吗？《苏瑞的麻辣书》（*Suri's Burn Book*）一书的作者证明了这完全可以。然而关注于市场，了解市场真正的需求将使你更容易找到成功的副业。

坚实的副业想法能让你的财务水平进入一个更高的层次，它们往往具有以下特征：

1. 它们具有较低的启动成本。

2. 它们有很大的潜在上升空间，并易于扩展。

3. 它们能很好地适应你的全职工作（或者至少不产生冲突），让你能自由安排工作的时间。

4. 它们发挥了你独特的创造性和技能优势。

5. 它们做起来很有趣。

这也正是很多副业想法虽然被大力鼓吹但最终没能获得成功的原因，这些想法包括做网上调查、做低工资的兼职或查看在线广告（点击一次2美分）。

然而，一个成功的副业者往往会问：哪些市场领域处于增长中？这个世界需要什么？我能解决什么问题？一般来说，最具职业安全感的领域往往是那些无法被自动化替代或外包的工作领域。一对一的服务、创意型服务，或者一个需要受过高等教育的大脑才能完成的复杂任务将是可靠的副业选择。如果你的个人爱好和技能正好迎合这些高需求的领域，那么你就走运了。

一些知名的自由职业者网站（包括 Elance.com 和 Freelancer.com）的研究发现，随着不同规模的公司都在将更多的业务外包，市场对创意服务和在线服务的需求越来越旺盛。越来越多的自由职业者从事网页内容开发、设计、市场营销、社交媒体甚至数据分析等工作。2012年7月，Elance公司发布的"全球在线就业报告"指出，网页设计岗位已增长了近6倍，网页内容开发岗位增长了3倍。这对于副业者来说是一件幸事，因为这种类型的工作更容易与原本的全职工作相协调。

投石问路

很多副业者在深入规划副业如何运作之前，会启动一些实验性项目。在网站上创建一个产品列表或尝试写一篇博客及提供一些服务是十分容易的，而且你可以借机调整自己的规划，了解哪些消费者群体愿意购买你的产品或服务。例如，如果你想做审稿工作，你就可以在 Craigslist.com 或其他知名的分类列表网站上创建一个服务列表，看有没有人感兴趣。如果你想成为一名教练或提供其他服务，你就可以做一个博客或网站来详细描述这种服务。如果你想在线出

第 2 章
做好总规划

售照片，你可以创建一个 Etsy 或 Red-Bubble 网站的账户，并上传你的作品。这一步不仅能考察你的潜在客户群体，而且对你自己也是一个很大的心理激励：一旦开创了虚拟商店，你就算正式进入商业领域了。

起步阶段的这种市场测试将为未来找到一份能带来可观现金流收入的副业奠定基础。凯莉·奥菲（Kylie Ofiu）是一位理发师，二十八九岁，生活在澳大利亚悉尼，她明确地知道自己的目标是增加收入，事实上，她梦想着有一天能成为百万富翁。于是，她开始创建自己的博客（kylieofiu.com），写一些关于省钱和赚钱技巧的文章。她也逐渐在博客上进行广告植入，这为她带来了一部分收入，她还在 eBay 网出售一些闲置的旧衣服和旧家具。另外，她还尝试做自由撰稿人、从事联盟网络营销。同时，她也继续着自己的理发工作。

凯莉在不断进行市场探索的过程中，不仅磨炼了自己的技能，还发现专注于专业写作能带来潜在的高收入。她与出版商签下合同，写了一本《赚钱的 365 种方法》（*365 Ways to Make Money*），这本书最后在澳大利亚发行出版，并且这份副业也使她开始了演讲事业。她通过博客发展听众并与潜在的演讲赞助商保持联系，她也开始在演讲上投入大量的时间。现在，她通过写作以及在博客会议上发表演讲已经足够支撑她自己和家人的生活（她有 2 个孩子）。凯莉说："我的博客本身并不是我的主要收入来源，但是它的确让我找到了原本不可能有的赚钱机会。"凯莉还说，每隔几个月她都会回顾更新自己的赚钱策略，看看是否应该做一些策略调整。

托德·亨利（Todd Henry）同样在蹒跚学步，他发布了一个博客，开始涉足这个将要繁荣发展的商业领域。作为辛辛那提一个非营利组织的创意总监，托德努力地探索着如何最好地激励团队（30 人），不断思考和开拓新想法。于是他开始通过他的播客"意外的创意"（*The Accidental Creative*）在线讨论这个具有挑战性的问题。每一期，他都会探索一些极具创意的想法，如减少你桌面上乱七八糟的东西，或吃更多有能量的食物。很快，他就拥有了一批铁杆粉丝，他们经常在 iTunes 上下载他的播客。（我第一次接触到播客是来自一位做平面设计师的大学同学的介绍，她通过邮件向我介绍了播客，因为她觉得这是一个非常有用的工具。）

托德说："我意识到人们愿意去听我的播客，所以我决定尝试更大的风险。"他开始创建一个配套网站 accidentalcreative.com，每天 5:15 起床，赶在孩子起床之前，工作两个小时再去上班。当播客和网站运营的成本开始上升时，他开始关注如何利用它们赚钱。一开始，他创建了一个会员社区，人们可以花钱购买额外的资源并与托德互动。同时，他也开始出售一些产品，包括进阶版的创意垫等。接着，就有公司开始邀请他为员工们演讲如何提升自己的创造力。没想到这样的演讲竟给他带来了巨大的成功，并成为他的主要收入来源。（现在，他已经离开了非营利组织的工作，全身心地投入到自己的事业"意外的创意"中。）

这样的试验步骤还可以让你了解副业和全职工作之间的融洽度。对于那些在高科技或道德规范严格的高管制性领域工作的人来说，副业将是一个雷区。例如，一位医生不能也不应该兼职担任制药公司的销售代表。一个审批合同的联邦政府雇员不能在工作外从潜在承包商那里收取金钱。一个大公司的软件程序员不能在办公时间之外开发具有竞争力的产品。（除了要保证副业不与正式工作相冲突之外，你还要确保副业不违背你的生活安排。政府禁止居民未经允许或在无许可证的情况下，在住宅区、出租屋、公寓等地方开展商业活动。因此，你需要检查合同或规章制度，以决定是否需要采取额外的措施来让你的副业合法合规。）

第 2 章
做好总规划

道德过失的危害等同于实际违约。苏丝·欧曼（Suze Orman）推出了预付借记卡，并利用自己的记者工作谋取不正当收益，她的这种行为受到了舆论的强烈谴责。希瑟·阿姆斯特朗（Heather Armstrong）是知名博客 Dooce 的博主，当她在自己的博客上提及有关自己全职工作的内幕信息与内容后，被全职工作公司公开解雇了，即使文章中没有提到具体的人或公司。女演员希拉里·斯旺克（Hilary Swank）的声誉一度受到很大的打击，因为她从车臣领导人、人权破坏者拉姆赞·卡德罗夫（Ramzan Kadyrov）那里得到了巨额的出场费。一个成功的副业者应当费尽心思使自己的副业不危及全职工作，毕竟全职工作仍是主要的收入来源。但是，害怕误入不存在的界线经常会阻碍人们寻找追求副业之路，这样的错误远非仅仅需要道歉的小失误能及的。

准备好，去做一份副业吧！

当我在 Etsy 网站上推出"帕尔默的规划"商店时，我的目标很简单，即创造产品，并不断扩展产品，接触对我的博文感兴趣的个人理财博主和写手，通过他们推广我的产品。接着，在我逐步扩大商店规模和积累客户后，再寻找更大的经销网络。我梦想有一个全国性的公司，比如纸源公司（Paper Source）或者货柜公司（Container Store），最终能授权销售我的产品。

在推出产品的两星期后，我仅售出了一份规划，于是开始变得有些沮丧。我的客户在哪里？为什么货柜公司还没有联系我？显然目标太大，太急功近利是一种常见错误，它只能阻碍你的成功。斯坦福大学"说服性技术实验室"的主任和行为改变专家 BJ·福格（BJ Fogg）认为，一般人往往实现不了他们自己设定的大目标，如减肥或变得有钱，因为他们专注的是一个抽象的结果，而不是成功所需要的具体行为的改变。他建议将大目标分割成几个更容易管理和控制的小目标。

对于决心成功发展副业的人们来说，按照循序渐进的步骤逐渐实现自己的目标才是正确的做法，这些步骤包括：

> 为你的产品或服务购买一个域名。
> 创建推特账号。
> 创建一个网站来介绍你的产品或服务。
> 接触你所在领域的成功人士，询问他们是怎么样获得成功的。
> 阅读与你的想法相关的博客。

实际上，福格就是基于此开创了自己的副业。他通过自己的网站 bjfogg.com，提供了一个在线项目，让人们每天仅需花费 3 分钟就能养成一个新的习惯，比如为了成为一个小说家，每天在上面写一个句子。他说，通过这个循序渐进的方法，新的习惯就会变成显著的成就。他将一半的时间花在斯坦福大学的工作上，另一半的时间花在副业项目上，包括企业研讨会和团体辅导。

换句话说，我不应该因为纸源公司没有联系我，并授权销售我的产品而感到气馁。按照福格的说法，如果我把注意力转移到正确的中期目标上，也许会遇到更好的发展机会来实现财务安全这个大目标。

因此我放慢了脚步，并制定了更现实、更利于分步实施的行动计划，这些计划能和我的日常工作相协调。我专注于推广已经上市的产品，而非急于创造更多新产品，最终实现了更大的成功。

第 2 章
做好总规划

给副业者的最强指导

- 副业者往往因为自己的某些特殊的需要或需求而发现自己的企业家抱负。
- 副业想法往往是从全职工作获得的技能中衍生而来的。
- 成功的副业者会花费大量的时间改进和测试自己的想法。
- 一步步循序渐进地发展自己的副业比专注于一个单一的大目标更高效。

03

BANKING ON IT | 依靠你的副业

在埃米莉（第 2 章中提及的曲棍球教练）熬夜制作出她设计的旋转曲棍球棒后，曾拒绝给除了她父母之外的任何人看这支球棒。事实上，她根本就不让球棒离开家。埃米莉也没有急于庆祝发明，而是专注于寻找一个可以确保她的成果得到保护的知识产权律师。

前面说到埃米莉在乔治城担任曲棍球队的教练，其中一名女孩的父亲，给埃米莉和一位专利律师安排了一次电话会谈。律师首先告诉埃米莉完成一项专利申请可能要耗费 10000 至 15000 美元。"关于这一点，我可能承担不起。"埃米莉说。当时，女孩的父亲也参与了电话会谈，于是帮埃米莉询问律师，是否可以打个折扣。律师最终同意以 8000 美元左右的价格成交，帮助埃米莉完成这项专利申请。两年后，埃米莉拿到了她的专利，自此之后她才开始向大家展示她的球棒。虽然申请专利的开支巨大，但如果没有这份投入，那支手工制作球棒原型很可能仍然被放置在她父母的车库里，无人使用。

埃米莉发现，一些成本投入是必要的，但仍然有一些方法可以创造性地减少成本。几乎我采访的所有创业者在创业初期都纠结于究竟是将金钱投资于事业还是储存起来。幸运的是，还是有很多方法可以降低成本，比如以物易物或雇佣年轻的自由职业者，这些做法都有助于提高利润额。

利润的最大化是至关重要的，因为即使非常幸运不用立即担心失业或是承担育儿成本的人，也会面临着一定程度的财务不确定性，这是在当前经济环境下的生活本质。21世纪初的那场危机到现在还在困扰许多美国人，对于美国中产阶级来说更是异常艰苦，以至于皮尤研究中心称其为"失去的十年"。这也是"二战"以来第一次出现绝大多数美国人的收入和净资产值都在下跌的现象，至今我们仍然在寻找一种重建经济的方法。

对于即将进入职业生涯中期的就业者来说，他们的收入曲线不可避免地要经历一段趋平走势。就业数据研究公司Payscale公司（Payscale.com）对150多万本科学历的就业者进行了调查，发现大多数人从40岁开始收入便不再增长（女性平均年龄是37岁，男性平均年龄是45岁）。PayScale公司的首席经济学家凯蒂·巴尔达罗（Katie Bardaro）解释道：这是因为人们通常在二十多岁的时候学习很多东西，迅速提高自己的技能和自身价值，40岁左右的时候将这种技能的价值发挥到最大。而这个时候，多年的工作经验并不能增加自己对于雇主的雇佣价值（律师等技术性很强的工作除外）。另外，此时人们面临的工作也开始枯燥单一，都是重复性劳动，因此这个时候对就业者来说是开拓新兴副业的最理想时刻。

随着我们年龄增长，这种现象只会变得越来越严重。事实上，对于五六十岁的人来说，自我雇佣可能是保证他们持续工作的唯一方式。美国政府责任署（The government Accountability Office）最近发现：在经济衰退期间，55岁以上的就业者将经历比自己年轻的同事更长时间的失业期；对于这个年龄层的就

第 3 章
依靠你的副业

业者来说，他们在 2011 年的平均失业期达到 35 周，而更为年轻的就业者平均失业期仅 26 周。那些有资格领取失业救济金的人在失业期间可能会收到原工资一半的补贴，但是对于没有资格领取失业补贴的人来说，他们在一年中的三分之二时间都没有固定收入。

这些趋势无疑令人十分沮丧，尤其是当你想到收入很可能会停滞，而生活成本却越来越高。三十到五十多岁的人常常因为家庭花销、房贷、赡养年迈的父母以及孩子教育支出而倍感压力。这意味着进入中年之后，我们需要拥有第二份收入来源更甚以往，这正是副业拯救我们于水火的要紧时候。并且，经过这一二十年的工作，很多人也积累了技术经验和人脉，这些都能有助于开创一份副业。

成功的副业者往往很早就预料到自己的收入在未来某个时候会突然下降，并且他们会在全职工作处于旺盛发展的时期就开始着手备用计划。伊莎贝拉·罗塞利尼（Isabella Rossellini）的女儿埃莱特拉·维德曼（Elettra Wiedemann）是一名时尚模特，还拥有伦敦经济学院的硕士学位。她告诉《纽约》（*New York*）杂志："模特这个职业就像运动员一样，它会迅速燃尽。"关于硕士学位，她解释说："硕士学位是 B 计划。如果将来的某一天我不再接到模特工作了，还可以靠 B 计划生活。你不能像我妈妈那一辈人一样，只寄托在一种职业上。如今这种情况真的很罕见了。"出于同样的考虑，奥运体操选手多米尼克·道斯（Dominique Dawes）开始了演讲职业生涯，电视剧《综合医院》（*General Hospital*）的女演员劳拉·赖特（Laura Wright）还额外经营着一家酿酒厂，网球明星维纳斯·威廉姆斯（Venus Williams）创办了一家室内设计公司，她的妹妹塞雷娜·威廉姆斯（Serena Williams）则经营着珠宝和时尚方面的业务。这也正是为什么本书中的很多副业者远在他们发现自己真正

THE ECONOMY OF YOU
斜杠创业家

需要钱之前就开始拓展新的赚钱渠道的原因。

贾森·毛力纳克（Jason Malinak）有一个相当成功的 Etsy 商店，创意主要来自于他的妻子凯蒂。这家商店主要销售有关税务和簿记建议的数字产品。2007 年，凯蒂开始在 Esty 上出售手工制作的婴儿衣物和毛毯。"她想拥有一份足不出户就能挣钱的工作。"32 岁的贾森这样说道。贾森和凯蒂，以及两个年幼的孩子一起住在科罗拉多州的斯普林斯。当时，他们正在努力地省钱出首付买第一套房产。（我在为自己的商店做市场调研时，偶然知晓了贾森的故事，他是知名的 Etsy 卖家之一，为人们提供自己创造的各类数字产品。）

随着凯蒂在 Etsy 上的商店业务增长，作为会计师的贾森开始帮助她记录订单、收入和成本，这样当他们报税时，所有的账目文书工作就会井然有序。贾森很快就意识到，其他的 Etsy 卖家也会遇到相同的问题。于是，他在这套簿记系统的基础上进行了改善，开发出更为人性化的版本。其中基本的簿记界面包含着时间表、库存清单、每月销售量的电子记录，以及年度总结报告等项目。

店铺顺利开张后，他开始在 Etsy 的社区论坛上回答相关问题，这有助于向其他卖家介绍并宣传他的产品。很快，他就进一步扩大了自己的产品线，延伸到税务指南和更为具体的簿记工具，如差旅费记录等。在全职工作（管理一个大型非营利组织的资产）之外，他利用清晨或晚上的时间创建产品指南，并以 PDF 文件的形式通过电子邮件发送给客户们。贾森说："我只是把这份副业当作一种乐趣。"对他来说，这件事并不是一份沉重的工作。向贾森购买过产品的顾客对他的评价也很高，Etsy 的客户反馈栏上写满了客户的使用心得：有人描述了他的产品是如何帮助自己有效管理商店，也有人称赞他的电子书十分有用，使用它犹如跟会计师面对面交谈一样。

由于他经营的是数字产品，可以自由拷贝，所以交易成本几乎为零。他自

第 3 章
依靠你的副业

学了基本的设计技能,然后让一个技艺娴熟的朋友把他的图像和文本转换成电子书的格式。这就意味着他已经销售出去的 1100 份产品所带来的全部现金流都是纯利润。他和妻子把这些收入分成了两部分,一部分存入孩子的教育基金,一部分用于整修房子。贾森说:"这项业务增加了我们的资金储备。"而且最值得称赞的是,这份业务并不需要几千元的成本来实现。在最近的一个月里,他的店铺大约获得了 200 美元的收入。事实上,它未来的潜在收入可能远远超出这些。他最近写了一本有关 Etsy 簿记方面的书,并计划推出一个包含更多簿记类产品的网站。

费比·埃尔南德斯(Febe Hernandez)是一位联邦政府员工,她开展了一项珠宝销售业务来帮助她安然地走向退休。和贾森一样,她并不依赖于这份收入生活。2010 年,在华盛顿特区的一个代理机构(名字由三个单词构成,费比不确定它的名字)干了二十多年的一个行家老手,和一群闺蜜聚在一起开一个珠绣聚会,费比也参加了这次聚会,并第一次发现自己对手工艺品竟如此情有独钟。费比说:"当时,我很迫切地想要创作更多的手工艺品,于是在之后的几个月里,我便创作了几十件作品,还举办了一个小型的展览。"她将公司注册为"费比设计",在获得批准后,费比开始开展自己的业务,在第一次展览活动中,她就出售了价值 2000 美元的珠宝饰品。

费比(现在已经 60 岁)利用周末和平时晚上的时间工作,很快就扩大了自己的业务。第二年,她在纽约举办了 6 场展览会。渐渐地,她将自己的珠宝业务与这座城市中的婚庆产业相结合,向那些喜爱她珠宝设计的新娘们展示自己的商品。最近她的生意开始赚取利润了。她打算 5~7 年后,一旦她从联邦政府机构退休,就继续拓展这项业务,使之更为壮大。实际上她还梦想着未来有一天能够在纽约、华盛顿特区和洛杉矶开设店面。

保持较低的启动成本

卡利·李（Calee Lee）是一位三十岁出头的摄影师，她发现如果只需支付合同规定的版税给儿童读物的作者和插画家，同时利用她在全职工作中已经拥有的昂贵软件来制作这些儿童读物的电子版本，就能以非常低廉的启动成本出版电子儿童读物。

她第一次萌生这个想法是在阅读了一篇阿曼达·霍金（Amanda Hocking）的文章之后，而阿曼达·霍金正是通过自行出版，售出了上百万份吸血鬼书籍。大约在同一时间，卡利·李开始用Kindle给她五岁和两岁大的孩子读儿童读物，但她对这些电子书的质量感到非常的失望。一些经典的书籍，比如《绒布兔子》（*The Velveteen Rabbit*）的电子版本看起来真的很差：不仅格式不太对劲，而且屏幕上的插图也不是彩色的，而是单调的黑白色。"我可以做得比这更好。"卡利回忆道。因此，某天下午，趁她的孩子们都出去玩耍的时候，她自己也提早结束了日常工作，开始创作故事，故事梗概来自她去塞浦路斯的家庭旅游途中的构想。

几年前，他们全家去地中海岛度假。在参观当地的寺庙时，他们发现这个到处都是猫。四处打听之后，卡利才知道，1000年以前，君士坦丁大帝的母亲海伦娜王后，在一次探访圣地后回途经过塞浦路斯，注意到此处有蛇猖獗出没，导致人们无法安心做礼拜。她对此十分不安，于是决定运送一整船的猫到岛上来控制这些蛇。卡利说："如今这些猫仍然被称为'海伦娜王后猫'，我认为这对孩子们来说是一个很棒的故事。"

比起当下在孩子们中间受欢迎的迪士尼公主，卡利希望创造更吸引人的角色。她说："我想给女儿塑造一些多样的公主角色，向她展示不同形式的坚强

第 3 章
依靠你的副业

又善良的美丽女性。"比如,海伦娜王后穿越半个世界以实际行动来帮助一个村子的故事。再如,她笔下的另一个主人公,一位叫奥黛丽的英国公主,用自己所有的财富帮助一个村庄的故事。

当卡利写完了自己的第一本书,关于海伦娜王后的故事后,她雇用了一位插画家给她配图,订立了版税结算的合同,而不是预先支付插画费。这意味着,如果这本书很畅销,插画家会赚取更多,反之插画家则几乎无利可谈。"如果这些插画家服务于大型的出版商,比如 Scholastic 出版社,他们只能得到很小比例的收益。相比之下,我的出版社将会给他们提供较高的收益比例。"当邀请其他作家为自己新成立的出版社 Xist 出版社写书时,她采用了同样的利润分成模式来支付报酬。多亏了这些书籍的成功销售,许多贡献者相较于传统模式赚取了更多的收益。

为了让其他成本也降下来,她请一位做律师的朋友帮她审查合同,并选择在家工作。另外,她在全职工作(摄影师)中所用的软件同样也可以用来创造电子图书。为了节省营销成本,她还推出了面向作者们的博客,而不是去购买广告进行宣传。

如今,Xist 出版社已经出版了八十多种图书,获得了丰厚的利润。收入的主要部分来自亚马逊的电子书销售,以及图书租赁服务。由于她的大多数书都加入了亚马逊的 Kindle 电子书图书馆,任何人只要有亚马逊的会员便可以每个月免费借阅一本书,由亚马逊向 Xist 支付相应的租金。

这些额外的收入使卡利感觉到经济上更加安全。"这些业务的收入比我刚出校园时从事文案工作的收入还要多。"她说。她认为,在一两年内,这些业务的收入就会超过她作为一个全职摄影师的收入。"我逐渐实现了自己的目标,发现自己不用付出什么劳动就能赚钱,并且与我共事的插画家和作家也都能赚到钱，这让我真的感到很高兴。"

　　道格拉斯·李·米勒（Douglas Lee Miller）的例子同样说明了低启动成本可以使副业者保持大部分的收入，而不是用这些收入来偿还大量的开支。道格是芝加哥德保罗大学的新媒体经理，他身边的人常常会向他咨询意见，从如何建立推特（Twitter）账户，到如何通过脸谱网来推广小型业务，再到如何培训员工使他们成为社交达人。道格现在已经快40岁了，向他寻求帮助的人越来越多，为了保护自己稀缺的时间，他意识到应该开始对这项服务进行收费。正是从这时候起，他开始了自己的社交媒体咨询业务。DbMill公司就是他现在在全职工作以外经营的另一家公司。

　　他开创副业的动机主要是保障财务安全。因为自从2009年他的女儿出生，妻子便暂停了服装设计师的工作，家里迫切需要一些额外收入以弥补日常开支。道格说："当妻子在照顾我们刚出生的女儿时，我收到了大量寻求帮助的请求并且免费帮助了很多人，于是我决定以一个更为正式的方式来从事这一业务。"客户源也十分容易建立，因为他已经有很多成就可以展示，并且也建立起了作为社交媒体专家的名声。

　　道格发现他可以白手起家出售一种服务，比如社交媒体咨询服务。他并没有投资于花哨的软件，而是采用了谷歌的免费工具。比如google Drive，可以用来保存工作记录并将资源与客户共享；利用谷歌日历（Google Calendar）则可以安排与客户的会面时间。他在做全职工作的上下班路上用iPad做副业，这也是他每天睡前或早上起来要做的第一件事情。一个星期中，他大约会分配15~35个小时的时间在副业上。（道格说，只要全职工作能保证完成，他就可以投入到这份副业中。虽然有时他需要在朝九晚五的工作时间里请一天或几个小时的假。）

第3章
依靠你的副业

道格说："我每天要花好几个小时呆在电子设备前，但我并不介意，因为我做的这些事情正是我感兴趣的，也是在帮助他人。"虽然这样的安排减少了他陪在两个孩子身边的时间，"但是，我所做的全都是为了他们，只要我有足够的积蓄，他们以后就可以拥有任何自己想要的东西了。"他补充道。

道格还花费了100美元成为芝加哥社交媒体俱乐部的一名会员，这是一个能够把他和潜在客户连接起来的组织。让他有机会与客户交流如何利用社交媒体来提升企业品牌价值，或是如何获得个人的梦想工作。

极小的启动成本意味着他的收入几乎都是净利润，能够全部用于支付家庭的日常开支。随着他的妻子开始在服装设计工作中接待更多的客户，他可能将额外的收入投入到大学教育基金或退休账户中。道格说："目前，这项副业使我们有足够的自由做自己想做的事情。我们现在还是将这份收入花费在正常的经营与生活费用中，而不是把它储蓄起来。"他补充道。

卡利和道格运用互联网、人脉关系、免费的在线软件和他们自己的数字和网络技术，在小本预算下推出了自己的副业。虽然将启动成本保持在很低的水平本身就是一个很大的挑战，但它的确是一个值得接受的挑战，它也能增加副业者成功的机会。这是因为创业初期的严格预算甚至无预算，将迫使你只能在真正必要的事物上投资，这不仅有助于减轻工作干扰，还可以让你更容易地快速实现盈利。如果你出售产品或服务的第一次尝试失败了，保持较低的启动成本可以使你更容易地转变副业方式，尝试进入其他领域。

布雷克·麦克斯奇(Blake Mycoskie)是汤姆布鞋公司(TOMS shoes)的创始人，他将自己的成功归功于早期的节俭。在他写作的《开始去做重要的事情》(Start Something That Matters)中，他描述了自己是如何从装在小公寓中的三个行李袋中的250双鞋开始创业的。他说，这种资源上的匮乏反而激发了他的创造力，并且这种创造力正是他的竞争优势所在。事实上汤姆布鞋公司一开始只是他的一个副业项目，创办这家公司的时候，他正受聘于另外一家公司。他写道："如果你资金匮乏，必须不断尝试把有价值的东西聚集在一起，让它们发挥更大的价值，那么当你的公司规模扩大时，这种品质会永远内嵌在公司的成长基因中，你仍然可以保持最初的节俭和效率，这些品质也将帮助你在公司成立初期的艰难日子中生存下来。"他还指出肯尼思·科尔（Kenneth Cole）的成功从展示他放在汽车后备厢中的鞋子开始，本和杰里仅以 8000 美元的储蓄和 4000 美元的贷款推出了他们的同名冰淇淋公司。

亚当·贝克（Adam Baker）是知名博客 Man Vs. Debt 的创始人。这个博客的收入支撑了他所有的家庭开销，而当初他仅花费了 74 美元购买了一个网站域名，并请他朋友为博客做了一些设计。一开始，他的博客主要描述他如何简化自己的生活以及偿还债务，现在博客内容更加丰富多元，包括经营一些课程、出售电子书，还有一些关于如何让生活变得更为节俭的演讲。他说这 74 美元的投资彻底改变了他的生活。（好在他当初没有花太多的钱在购买域名上，因为他最初选择的域名 SlowSimpleWealth.com 一直没有被发展起来。）

我自己的创业成本大部分是支付给插画家的薪酬。我通过自己最喜欢的一个博客"妈妈博客"找到了一位插画家，她有一个绚丽的博客横幅，这种设计风格正是我希望自己的作品能达到的效果：有趣、新奇和时尚。我通过点击这个横幅底部的链接，发现了设计横幅的插画家的网站。当我看到她设计的贺卡、艺术墙，以及网页设计等一系列作品，我就知道她一定是最合适自己的工作伙伴。她习惯用明亮、干净的色彩，并且在网络上已经拥有了一批忠实的客户。她每小时收费为 35 美元，客户需要通过贝宝账户进行在线支付，我的书籍封面设计共花费了大约 100 美元。

第 3 章
依靠你的副业

如果你恰巧有 10000 美元或 20000 美元计划用于投资副业，那么在将你的想法展示出来，测试自己的产品或服务有没有市场之前，很容易就会将其中的 5000 美元花费在市场营销上，另外 5000 美元花费在专业的电子商务网站上，剩下的 5000 美元花费在原料或服务的供应者上。但是正像副业者们一次又一次向我揭示的那样，根本没有必要在开始盈利之前投入这么大的成本：互联网的发展让我们很容易就能快速设计一些产品，或者描述你所提供的某种服务的特性，并将这种服务展示在自己的博客上，或类似 Etsy 或 Craigslist 的网站上。如果利用这些免费的互联网工具，花费尽可能少的钱，以最快的速度建立自己的副业，同时持续地进行调整、更新和改进，那么刚开始启程的副业者们就可以避免创业初期高昂的损失。

启动成本：哪些该花，哪些该省？

花尽可能少的钱来启动你的副业是一件极好的事情，但是有些投资可能是非常必要的。以下这些问题会帮助你判断将自己的钱花费在哪里最合适。

在推出业务之前，有什么是绝对必要的投资？

如果你需要为某个数字产品创建一个网站或设计一个封面，而你自己并不知道如何制作，那么你可以考虑把这些任务外包给受过训练的专业人士。（当然，这需要你四处寻觅，货比三家，才能在最后达成最适宜的交易。）至于其他投资，例如聘请一位能提高你推特技巧的社交媒体教练，你可以在开始赚钱后再行考虑。

朋友和家人可以给你带来什么帮助？

如果你的家族中碰巧有律师、平面设计师或者计算机程序员，那么他们也许能够给你提供无偿或廉价的帮助。

你已经拥有了哪些可用的资源？

可能你的计算机上已经安装了 Photoshop 软件，或在你的车库里已经配备了伐木工具。如果你的副业恰巧跟你的正式职业或是原有的业余爱好有交叉，那么你很有可能已经拥有了一些运营副业所需要的资源。

你有哪些技能可以跟别人交换，以获取自己所需的服务？

以货易货已经过时了，特别是如今通过博客或推特账号很容易就能找到对方。如果你知道如何进行媒体宣传，那么也许你可以为一个平面设计师提供这项服务以换取一个专业的网站设计方案。

哪些网站可以帮助你达成交易？

网站 99designs.com 使得诸如网站设计或书籍封面设计等服务的竞争变得相对激烈，也降低了价格。Freelancer.com 网站、Odesk.com 网站和其他一些类似的网站，允许用户低成本外包诸如文字编辑或管理推特账户之类的工作。（这些网站也纷纷成为自由职业者批判的对象。自由职业者认为，这种方式带来了不公平，降低了他们原本的服务价格。你可以自己去权衡这些伦理问题，并决定自己究竟是宁愿采用传统的方式来负担更高的成本，还是运用这些新兴的网站来削减成本。）

你可以利用哪些在线工具？

Blogspot、WordPress、Mavenlink（用于项目管理）、脸谱网、谷歌产品、Doodle.com（用于行程安排）、Evernote（用于记录想法）、Mint.com（用于记账）……现在有很多免费和近乎免费的在线工具，这些工具往往都能够代替那些昂贵的软件或服务提供商。

你需要事先获得哪些方面的法律保护？如果需要的话。

无论是通过建立一个有限责任公司或者采用有限责任保险的方式（或两者均有）来创建副业，保护你的财务稳定是非常重要的。若采用有限责任保险的方式，你每年只需要花费 200 美元的保费，保险公司就能在必要时为你提供最高 1 亿美元的赔偿金，这些赔偿金可用于支付规定类型的法律诉讼费用和清算

第 3 章
依靠你的副业

> 费用。建立有限责任公司相对来说更加昂贵和费时，但它往往能带给你更多的保护，特别是对那些想要保护个人资产不受创业风险影响的小企业主来说，这种方式更合适。评估你自己的安全水平和企业所承担的风险大小，以此来决定你需要什么样的保护，如果不确定，可以咨询律师。
>
> **如何才能让销售产品或服务更容易？**
>
> Etsy、Fiverr、PayPal 和 E-Junkid 网站仅仅是促使产品以便捷和低成本的方式在市场上销售的众多途径中的一小部分，你还有很多其他选择可以尝试。因此，你并不需要任何一个昂贵的、自托管的电子商务网站。

着手开始做

我见过许多非常成功的副业者，在他们推出副业的时候，仍然会花费数月甚至数年来偿还债务，建立节约机制，并想方设法将自己的财务状况变得更好。这样做意味着他们将拥有更多的结余资金来投资自己的副业（几百美元甚至更多），这也意味着即使副业失败他们也不会陷入财务困境，因为他们有储蓄和其他固定的收入（全职工作的收入）。事实上，他们非常希望自己的副业能斩获成功，意识到这一点通常能够激励自己在余生培养更好的财务习惯。

大学毕业后珍妮·布雷克（Jenny Blake）开始运营博客，与此同时她还在谷歌有一份全职工作，为谷歌员工提供职业发展培训。作为一位持有职业资格证书的生活导师，二十多岁的她希望跟人们分享自己了解的关于犯错、追逐伟大梦想和庆祝成功的一系列故事。她很快便意识到自己最大的梦想就是把博客的文章集成一本书，而她在 2011 年终于实现了这个目标。为了使这本书成功发行，她决定向她的全职工作单位申请休三个月假，这意味着她要放弃三个月的稳定工资。但这样的投资是值得的。"如果同时做两个项目，我觉得这对任何一个项目来说都是不公平的。"她说。

为了应对财务压力，她仔细研究了自己的支出明细。她发现自己去餐馆吃饭每周大约会花掉 100 至 200 美元，于是她开始更多地在家里吃饭。另外，她创建了一个单独的储蓄账户专门用于休假期间的日常开支，并借助于谷歌文档（Google Documents）的电子表格功能来保持更加严格的预算。

为了充实自己的储蓄账户，珍妮也开始寻找其他的收入来源。她在外出宣传新书期间转租了自己的公寓，做了几次有偿演讲，还接纳了一些新生活指导客户。她计划每月评估一次自己的预算，并针对其中的变化做出相应的调整。最后，她意识到所有因销售书籍带来的不便都是值得的。她说："我想享受这个过程并充分利用它，所以这意味着我必须要放弃享受一些昂贵的饭菜，放弃享受舒适温暖的公寓，但是我也有了更多的时间参加社交活动，与朋友一起郊游与旅行。"（这次休假后不久，珍妮便决定做一名自由职业者——生活导师、演讲家和作家。她为了更好的生活离开了谷歌并搬到纽约。）

其他的副业者也跟我讲述了类似故事，他们都是在初创时期保持着节俭：蛋糕设计师克里斯·富林在他知道自己一直工作的熟食店早晚要关闭时，便开始攒钱并自食其力。他在创业时尽可能降低开销，所有的材料采购都用现金支付，包括他的大冰箱。托德·亨利是"意外的创意"公司的创始人，在确保拥有多重客户和收入来源，以及一个至少可以支撑两年家庭开销的巨额储蓄账户之后，他才全身心投入自己的公司。在他仍然以副业的形式运营 accidentalcreative.com 网站的时候，他就已经把几乎所有的收入都储蓄起来了，避免像对待个人收入一样随意地对待这些家庭收入。

即使是那些看上去很富裕的小企业主，如凯瑟琳·卡利尼斯（Katherine

第 3 章
依靠你的副业

Kallinis)和索菲·拉蒙塔涅(Sophie LaMontagne),也跟我讲述了她们在创业初期严格节俭的故事,她们是乔治敦杯子蛋糕公司的创始人和《蛋糕店姐妹花》真人秀的明星。因为一起出席一档本地新闻节目,我第一次见到凯瑟琳和索菲,她们带着几十个非常完美的釉面蛋糕来到工作间,味道闻着很像巧克力薄荷和熔岩软糖。不久之后,我就采访了她们关于如何从自己的高薪工作辞职,全职经营自己的蛋糕店的故事。

凯瑟琳和索菲最初也是从成为一名副业者开始的,她们利用周末和晚上的时间调整自己的食谱并提高产品质量,一边继续维持全职的公司工作(分别在时尚设计公司和风投公司工作)。她们还削减了自己的生活成本,凯瑟琳放弃了自己家中舒适的卧室,开始睡在索菲家的沙发上。即使是在金考公司[①]购买50美元的海报也成为她们争论的焦点。索菲回忆说:"我的丈夫朝我大喊:'我们竟然连花在海报上的50美元都没有!'""那时我们要自己动手粉刷墙壁,还做了很多本应该聘请专业人士做的工作,因为我们负担不起这笔雇佣的费用。"她说。

现代的节俭意识是一个老生常谈的问题,这种节俭理念意味着要忽略所有引导我们消费的文化讯息,无论是"婚礼要办的有创意""房子要大"还是"春天要换新衣服",应该听从自己的个人偏好,这样才能把精力集中在更大的梦想上。如果放弃自己舒适的床意味着她可以开一家蛋糕店,凯瑟琳·卡利尼斯很乐意这样,珍妮·布雷克也同样用自己熟悉舒适的枕头换取了一个充满惊险刺激的生活。可见,这些成功的副业者并没有把钱都花在人生的自动驾驶仪上。相反,他们重新定制了自己的生活方式以追求人生真正的目标。

[①]金考公司:Kinko,一家提供复印与文件处理服务的大型连锁店。

如何给自己做财务评估

在启动一项副业项目（或做出其他任何重大的生活改变）之前，先评估自己的财务状况很有益处。下面是一个能让你掌控自己经济状况的财务评估指南。

你的钱现在主要花费在什么地方？

有一些免费的在线工具，如 Mint.com，可以很容易地记录你每天的消费并帮你建立具体的储蓄和预算目标。一些大开支，比如住房、交通、食品，都包括在其中。住小公寓，挤公共交通工具，多在家中用餐，这些策略可以使你更容易地积累储蓄来投资自己的梦想。当然，如果你住在公共交通密集的市区，前两种策略的效果会更好。但即便如此，票价或其他生活成本也会定期地上涨。你所能做的就是最大限度地减少这些基本开支，然后尽可能巧妙地管理你拥有的金钱，赚更多的钱来弥补不断增加的生活成本。

你是否有债务在身？

如果你还需要偿还信用卡债务、汽车贷款或学生贷款，现在是时候尝试还清那些债务了。你至少要列出一个在不久的将来能把这部分贷款还清的计划。利息支出以及其他附带的费用往往让你最终偿付的款项比贷款的实际价值多得多。

你将储蓄分配到何处？

能够至少支撑三个月基本生活的应急储蓄账户可以保护我们不受不可预期的失业、医疗保健费用和其他费用开支的影响，因此设立一个应急储蓄账户是当务之急。其他的储蓄则可以用于投资更大的目标，如设立副业基金。（当然，如果你已婚或者有男女朋友，你要确保你的伴侣也在这个保护之内。）

你有退休账户吗？

如果你还没有开始为退休做储蓄，应当尽快考虑这么做。因为越早开始，你就有越多的退休储备，而且随着时间的推移，你就越受益于复合利息带来的收益。一些退休账户，如401（k）和罗斯个人退休账户还能享受税收优惠，如果你工作的公司能为你提供这类退休账户的话，你的退休基金会更加迅速增长。

第 3 章
依靠你的副业

> **你知道自己的钱花费在何处吗？**
>
> 　　是时候整理一下自己的收支明细了，因为一旦你开始运营副业，记账工作只会变得更加复杂。收据、收入、税收减免、合同——你需要一个专门的文件夹或严谨的软件系统来记录这些文档。如 lemon.com、expensify.com 和 shoeboxed.com 等网站和应用程序就非常有用，可以使文档以数字形式上传到网上并保存。如果你不整理文档，那么到申报纳税的时候肯定会被累，而且如果你把某张费用收据弄丢了，就要多付钱给山姆大叔。
>
> 　　井然有序的财务状况，能够让你有更多的精力关注创业过程中最有趣的部分——收益部分。

财源滚滚

　　跟多赚一些钱一样充满挑战的是决定如何使用（或储蓄）这些钱。我采访的大多数副业者一开始都不会过分依赖于他们的新收入，这并不意味着他们完全忽略这笔资金，或仅仅将它花费在公司规模的扩大上。只有当他们通过副业赚取的收入足够多时，他们才会依赖这些新收入来支撑生活开支，这种感觉就像是在一个阴雨绵绵的下午找到了一块椰子糖霜巧克力蛋糕一样美好。

　　马娅是一位辅导机构的组织者，她说在开创副业的前四年里，她都"假装这笔新的收入不存在"。只有当她决定缩减自己的全职工作时间，将更多的精力用于一对一辅导时，她才将来自副业的额外收入投资在雇佣专业摄影师、知识产权律师和网页设计师上。贾森，这位 Etsy 上的税务专家，为了实现更大的目标，例如用于孩子未来的大学学费，将副业收入储蓄起来。阿曼达·威廉姆斯（Amanda Williams）是旅游博客"探险之旅"（A Dangerous Business）的

55

博主，利用邮轮和航空公司在她网站上投放广告的收入实现了自己的旅行计划。凯尔西·弗里曼（Kelsey Freeman）既是自由职业设计师，又是一名摄影师和代课老师，她用自己在 SmugMug.com 上销售照片的收入为家人和朋友购买圣诞礼物。

摩根·霍斯（Morgan Hoth）是一位六十多岁的退休特需教师，生活在弗吉尼亚州里士满市。她常常整日在家中的工作室内制作丝质围巾和领带。她将这一爱好逐渐发展为自己的事业，并用这些收入支持自己的旅行计划、购买新沙发，还帮助需要财务援助的朋友。"我当老师的时候，每年暑假都会织地毯、给它们染色，然后铺在地面上。"她说道。快要退休的时候，她决定要更认真地对待自己的这门艺业，于是她将自己的作品放在 Etsy 网站上销售。很快她就建立了源源不断的销售。她说："每周只要出售一两件，我就很高兴了。"她的围巾，以大胆明亮的黄绿色、绿色和紫色为主，并结合了诸如叶子、花朵等自然元素，售价在 45 美元到 200 美元之间。

"多亏了这些销量，"摩根说，"当我想要一个柔软的床垫，我能买得起；当我想飞往欧洲度假，我也可以轻松做到；当我想来一场长途旅行，我可以自己负担得起；当我有朋友面临人生困境犹如徘徊在悬崖尽头，我也能帮助他。"然而，如果仅依赖她口中的自己和丈夫赖以生存的"蹩脚的退休金"，她可能完全做不成这些事情。"这份收入带给了我太多的自由，让我能够去做一些通常做不到的事，一些让我很开心的事情。过去，我以为欧洲是富人专属的旅游场所，但是现在，我竟然可以自费去那里度假。如果我没有从事这份事业的话，我根本不可能实现这个梦想。"她如是说道。

第 3 章

依靠你的副业

赚得越多，纳税越多

显而易见，赚的钱越多，税负也就越重。全职工作以外赚取的收入往往不会自动扣税。因此，人们想尽可能多地从这部分收入中抵扣费用，以减少应纳税额，从而减少税负。但是人们往往会因为这些费用而陷入麻烦——这通常是因为他们试图抵扣过多的费用。下面对你们需要知悉的一些要点进行了概述。

生意还是爱好？

美国国税局会区分你所做的事是一个爱好还是一份真正的生意，这种区分事关纳税与否，因此颇为重要。如果你编织围巾或烘烤面包主要是出于兴趣，而不是为了获利，那么就不能用它们的费用来抵扣其他的收入。事实上，这么做将会给你招来很大的麻烦。为了合法地从收入中扣除费用，你花费在这些活动上的"时间和努力"都必须表明这么做是为了赚取利润，或者你能合理地预期到在不久的将来能赚取利润。如果这段话已经让你眉头紧锁，那么你最好找一位熟知相关税则的会计师来帮助你。

定义家庭办公室

对于副业者来说，另一个热议的话题便是家庭办公室。作为一名自由职业者，在自家的地下室中运营博客，这样就能将全部或部分住房抵押贷款或租金计算为经营费用，这一想法确实相当有吸引力。但是，正是这样的想法可能会把你自己送进监狱，或者至少与国税局的工作人员发生些许不愉快。为了合法地将抵押贷款或租金作为家庭办公费用进行扣除，这间家庭办公室必须定期使用并专门作为工作场所——这个空间不能兼作你的游戏室或用餐区。正如你如果还会开着汽车带孩子到处转悠，就不能将汽车的所有花销都作为运输烘焙食品的费用。相反，你必须仔细核算汽车花销中有多少是用于合法的商业用途的。

给山姆大叔应得的那一份

副业带来的额外收入也需要纳税，如果你不将自己的收益与国税局共享，那么每年的 4 月份你将会收到一份令你惊讶的大罚单（和其他的惩罚）。许多副业者，包括我自己，每季度都会给国税局签发支票，让自己在税负征收中处

斜杠创业家

> 于主动地位。另外，除非你是一个数学高手，否则聘请一位值得信赖的会计师为你提供相应的服务也是很合算的。

年近 30 的悉尼·欧文（Sydney Owen）曾经是一位企业公关好手，后来转行做了高空跳伞教练，她也选择将自己作为职业教练所赚的副业收入存入"娱乐基金"。多年来，悉尼在芝加哥努力地工作，并沿着公司公关部门的职业阶梯不断晋升，只有在下班或休假的时候她才有时间追求真正的热情所在：高空跳伞。但很快，她就希望跳伞能在她的生活中占据更大的部分，而不仅仅是一个周末的业余爱好。于是她决定辞掉企业公关工作，成为一名高空跳伞教练，尽管正如她所说的，她正处于"工作的快速晋升期"。

悉尼不想完全离开她熟悉的公关领域，于是她自己成立了一家名为"三环传媒"（3Ring Media）的有限责任公司，并开始招揽客户。芝加哥跳伞中心是她的第一家客户，她曾在那儿跳伞。不久，她搬到一年四季都有跳伞活动的南加州生活，还找到了一份全职工作——在埃尔西诺湖跳伞中心的落伞区做一名统筹协调员。"我负责统筹很多不错的活动，确保每个人都能拥有极致的跳伞体验。"她解释道。

虽然她只能挣到比较低的基本工资，但却可以享受免费跳伞的福利，这正是她渴望的。现在她正在接受训练以参加四人编队跳伞竞赛，在下落的过程中她要与队友们一起表演一系列队形变换。为了补充收入，她的传媒公司开始接洽更多的客户，其中包括想要在各类社交媒体上凸显存在感的小企业。另外，她也开始提供改进简历和调整职业目标的培训，这些技能是她曾经在大学学习

第 3 章
依靠你的副业

的时候积累下来的。她的前两份工作分别是辅导一名大学生和一个二十出头的人，帮助他们"准备好应对下一次大机遇"。悉尼把和客户的通话都安排在了休假日、周二和周三，或者每天下班后及午饭后的休息时间。

正是因为她的创业成本非常低（她利用 Legal Zoom 网站合法地建立了自己的有限责任公司，这个网站的服务包收费从 99 美元起），她只需要一部电话和互联网就能完成工作，因此她可以将很多收入投入到她的爱好中。另外，她也常常利用这部分收入填补一些额外的跳伞培训费用（部分未被赞助的培训费）。（虽然她的雇主承担了她的跳伞费用，但她仍然需要自己支付培训费、物资费用以及在训练风洞的训练费，这个风洞能模拟出自由落体的环境，还允许跳伞运动员自主练习他们的跳伞动作。）

这份副业同样给她带来了内心的安全感："我很确信，就算我失去了在跳伞中心的工作，我仍然可以靠三环传媒公司的收入养活自己。传媒公司的成功与否完全取决于我想投入的时间的多少。"在一张悉尼高空跳伞时抓拍的照片中，她所在的高度甚至捕捉到了太平洋海岸线的弯度。她看上去相当自信、放松、专注，她十分确定自己的降落伞会顺利地打开，并带着她滑翔，最后安全着陆。

许多副业者都通过一种长期投资渠道，把他们的收入放入自己的退休账户。因为我们中的大多数人的退休储蓄都太少了，并且在我们当前的预算中也很难找到多余的资金，比如日常工资的 10%~20%，可以存入退休账户。副业收入是一种很好的方式，可以帮助我们为未来储蓄。在《自由工作者的国度》中，丹·平克认为假定我们预期自己的寿命比父母和祖父母两代人更长，我们的身体也比他们更健康，那么退休后我们还可以从事某种形式的工作。如果早在退休之前，我们就开始为退休储蓄做准备，利用全职工作的收入，同时发展副业，

斜杠创业家

以备不时之需，这样就可以在离开日常工作生活之后享受稳定的收入流了。

马尔蒂耶·马奎尔（Martie Maguire）和埃米莉·罗宾逊（Emily Robison）是"南方小鸡"（Dixie Chicks）歌唱组合的两位成员，在这个组合之外，他们俩又独立组建了一个名为"库尔亚德猎犬"（The Courtyard Hounds）的组合。他们告诉《娱乐周刊》（Entertainment Weekly）的记者，组建新组合的目的部分在于，即使"南方小鸡组合没有成功"，他们也能有一个备份的创业计划。马尔蒂耶·马奎尔解释道，她追求的是"一种让自己觉得任何时候都有能够从事的事业的安全感，就像一个退休计划"。她的姐妹埃米莉·罗宾逊补充道："这就是我们的 401（k）计划。"

在所有这些重要的财务目标之中，总有一些比金钱更强大的东西在驱使着这些副业者不断前进，这些目标也正是他们所定义的生活的核心。也许是因为我们见过了太多的长辈们因为被解雇而结束了漫长的职业生涯，结果内心特别想回归到那段埋头苦干的日子；又或许是因为我们知道，守住工作直到退休的可能性犹如彩票中奖的概率一样低，所以不想只通过主业来定义自我。我们希望自己的身份认同感和自我价值感可以超越全职工作。这就是我们为什么要主张个人电子邮箱和社交媒体账户，个人网站和个人副业。主业不是我们的全部，因为我们知道自己的工作可能会在未来的某一瞬间消失。

虽然副业者们的收入会随着时间的推移而不断增长，但是初期，他们似乎都赚得很少，以至于我采访的大多数人都有些不好意思透露他们的副业收入，有些人甚至把自己的努力仅仅当作一个"业余爱好"。我发现自己也是这样向朋友们介绍我的商店"帕默尔的规划"的。如果我把它称作一个小生意，听起来好像每个月能赚好几千美元一样，或者至少能赚取固定的几百美元，但实际上我的收入远没有这么多。然而，随着我跟越来越多从事相似业务的人交谈后，

第 3 章
依靠你的副业

很快发现副业的利润大小并不重要，重要的是利润确实存在。

况且，随着时间的推移，收入会逐渐增长。著名的"拿铁效应"就可以说明这一点，它是金融大师大卫·巴哈 (David Bach) 提出的。他指出，从长期来看，考虑储蓄的复利效应，我们每天浪费在拿铁或其他杂事上的费用聚积起来就是一笔百万元的财富。运用类似的逻辑，我们可以得到，每周或每月赚取一点点，长期积聚下来，副业者们完全可以构建起自己的财务安全网。假设某位副业者每个月的副业收入为 200 美元，一年就是 2400 美元。如果你把这 2400 美元投资于收益率为 6% 的指数型基金，那么从长远来看，10 年后你就能获得 40000 美元的收入。30 年之后，你就能拥有超过 200000 美元的财富。可见，这不失为一种填补退休基金的好方法。

为了确保充分利用副业收入，我们不能只是把收入存到贝宝账户中，这是我曾犯过的错误，在运营自己的 Etsy 商店的前几年内，我一直把收入放在贝宝账户。我的账户中有超过 1000 美元的资金，但都是零利率的。所幸我没有把钱挥霍在买衣服或拿铁上，后来我把它们全部转移到自己的储蓄账户中，在那里我至少能享受正的利息收入，同时我也开始思考该如何更好地处理这些现金收入。

如果这些财务管理的细节开始让你感到头疼，那么你只需把握大局：如果把你的全职工作比作一个定期有固定利息收入的债券，那么你的副业便是你的股票，这只股票的价格可以在任何时刻猛涨，帮助你致富，或者至少在这个过程中，能保证你的财务安全。

给副业者的最强指导

- 经济环境的不确定性使得我们必须在全职工作之外寻找新的方式获取收入。
- 有些创业成本是必要的,但仍有办法可以使这些成本最小化。
- 在推出自己的副业之前,要确保自己的财务状况秩序井然,包括偿还债务和积累储蓄,这有助于增加你成功的概率。
- 即使现在每个月只能获得很少的收入,但随着时间的推移,它终将积累成一笔巨大的财富。这些财富可以用作你的退休基金,也可以用来实现你短期的梦想。
- 副业所创造的新的身份认同,跟它所带来的现金收益一样强大且重要。

04

FINDING FRIENDS | 结交朋友

从表面上看，埃丽卡·萨拉（Erica Sara）的生活就像瑞茜·威瑟斯彭（Reese Witherspoon）主演的浪漫喜剧中的情节，唯一不同的是，埃丽卡追求的是事业上的成功，但剧中女主角追求的是男人。埃丽卡开设了自己的博客，并在博客中记录她喜欢的语录。翻看最近的一些语录，其中包括："你越喜欢自己的决定，你越不需要别人来喜欢它。""千万不要因为忙于谋生而忘记生活。"（她还在博客中记录了制作奶酪的过程，第一次自己装饰公寓的过程，以及赛跑的经历。）另外，她还有一个非常活跃的推特账户，在这个账户中，她常常向其他赛跑选手送出鼓励的话语。（"预祝你再次获得成功！"）她所有这一切的社交活动都是为了支持自己的珠宝设计公司——埃丽卡·萨拉设计，一家为客户定制镌刻珠宝首饰的公司。

　　几年前，二十多岁的埃丽卡还是纽约蔻驰（Coach）店里的销售员，具体的工作包括为客户挑选手袋，分析销售数据，跟踪奢侈品牌的发展趋势。但就是从那时起，她发觉自己有更大的梦想——在未来的某一天创立自己的企业。

斜杠创业家

她说："我希望创建自己的事业。因为我厌倦了每天工作12个小时，但内心仍得不到满足的生活。"

现在，她虽然仍从事着全职的销售顾问工作，但已经开始设计并销售自己的珠宝首饰。朋友们为她提供参加独家展示会的机会，还帮助她宣传。她说："在我意识到自己想把它发展为一份全职工作之前，设计销售珠宝首饰更多是一份爱好，而不是一份事业。"慢慢地，她建立起了自己的网站并专注于建立自己的品牌。

因为埃丽卡也是一名马拉松选手，所以她决定专注于她称之为"运动饰品"的商品上，这些饰品会被刻上一些鼓舞人心的话语来预祝运动员的成功。"我设计的珠宝饰品有我个人的鲜明风格，"她说，随后又补充道："所有想向自己或外界传达他们心声的客户，我都能为他们定制刻有标语的珠宝。"她为抗癌患者、减肥者、庆祝纪念日或在恋爱中的人设计了珠宝项链。最近，她还将业务扩展到为母亲们设计印刻孩子姓名首字母或完整姓名，甚至脚印的珠宝饰品。

埃丽卡通过博客建起来了社交圈子，当她准备推出自己的产品线的时候，她发挥了这个社交圈子的作用。"我意识到生活在当今这个世界，有脸谱网、推特、博客和各类网站，真是一件幸事。正是这一整套的互联网工具将你我与世界连接起来。因此除了自己生活圈子里的人外，我开始在网络上结交一些能赏识我作品，或是觉得我的作品很有吸引力的朋友。"这样一来，她说："当我准备全职投入到这项事业上的时候，我就已经拥有了丰富的顾客资源。"尽管镌刻工具和宝石的成本比较大，但她的公司在不到两年的时间里就开始盈利。她觉得自己的成功很大程度上都归功于利用社交媒体和网络建立的社交圈子。

除博客外，她还拥有脸谱网、推特、Pinterest 和 Instagram 的账户，在这些

第 4 章
结交朋友

账户上,她经常发布一些新的设计图、客户订单和产品目录列表。她说:"就是这些多样的社交媒体帮我赢得了大部分的客户。"与客户们的密切接触也是她在自主创业的过程中最享受的事情。"我从事的是一项非常个性化的服务,所有饰品都是定制的。我了解客户的品位并且知道他们何时参加竞赛。最近一位客户给我发了一封电子邮件,邮件中写道他的妈妈正在接受化疗,治疗癌症,他希望定制一条项链,鼓励妈妈克服病魔,并表达自己对妈妈的爱。这正是我对这份工作的热爱之处!"她如是说。

埃丽卡的博客还帮助她与《健美》(Fitness)杂志的编辑建立了联系,随后她的珠宝设计被刊登在该杂志上,让销量又上了一个台阶。因为运动短裙的崛起,埃丽卡的故事还被刊登在《纽约时报》(New York Times)上,同时还有她的照片,场景是她穿着蓝色的裙子,扎着一头棕色马尾辫,慢跑穿过中央公园。埃丽卡在跑友的世界里寻找对她作品感兴趣的人,与他们建立起友谊,并借助社交媒体的强大力量,最终把自己的想法变成了一个蓬勃发展的珠宝企业。

密苏里州玛丽维尔的史蒂夫·莱姆勒(Steve Lemler)在一个与埃丽卡完全不同的领域——无线通信领域内,同样发现了社交媒体的强大力量。作为向西北部农村地区提供服务的一家小型无线通信公司的首席财务官,他已然成为研究无线通信公司财务状况这一奇特领域内的专家。除了具备标准的财务报表、预算和良好的内部控制外,设立在服务匮乏地区的无线通信公司还必须提交特定的文件,才能获取电信普及服务基金的资助,这种基金设立的目的是为了给提供普遍服务的电信公司,包括无线业务提供者抵消部分营业成本。"那些申请材料筹备起来十分复杂。"四十多岁的史蒂夫解释道。在他学会了如何为自己的公司筹备这些文件后,他意识到,也可以为其他小型无线通信公司提供类

斜杠创业家

似的服务。

在上一份工作中,他结识了堪萨斯州的一位无线通信公司的创始人,这家公司刚刚起步。史蒂夫说:"他雇佣的所有员工都是新手,而且他也不知道该如何向美国联邦通信委员会(Federal Communications Commission,FCC)提交申请电信普及服务基金的文件,更不清楚无线通信公司如何进行具体的会计处理,所以他雇我帮助他解决这个困难并培训员工。"他向这家公司新上任的财务主管演示了如何对各种形式的经营收入进行会计处理,以及如何筹备FCC文件来使这家公司有资格获得电信普及服务基金的资助。史蒂夫在大学主修的是会计专业,现在他每周大约需要花费10个小时来帮助这另一家公司完成相关文件的准备。庆幸的是,这些工作与他早八晚五的全职工作并不冲突,因为这家刚起步的无线通信公司与他全职工作的公司在不同的地区提供服务。他说:"我所在的主业和副业公司并不会形成竞争,而如果他们之间确实存在竞争,我就不会做这份副业了。"他的老板同时也是他副业公司创始人的朋友,对他的这份副业很是支持,甚至批准他可以在白天上班时间偶尔与另一家公司进行电话交谈。对史蒂夫来说,更大的潜在冲突是他七岁的女儿,她正是精力充沛的时候,每天都有自己的运动规划,并时常期待她的父亲在垒球比赛上为她加油。史蒂夫说:"随着女儿不断长大,她需要的这种陪伴对我来说却变得愈加困难。"但他还是设法从晚上和周末的副业工作中挤出时间来陪伴女儿。

这份副业给他和他的家人带来了更多的财务保障,使得他能够把一些闲钱存进用来供女儿上大学的"529账户"以及自己的罗斯个人退休账户。他把至少50%的副业收入都以这两种方式储蓄起来,以实现相应的长期目标,剩下的副业收入则投入到家庭娱乐中(最近他们去了墨西哥旅游)。

与埃丽卡一样,他把自己副业的发展同样归功于社交网络和网络圈子,他

第 4 章
结交朋友

在由农村蜂窝网协会举办的行业年会上结识了其他一些农村无线通信公司的管理人员。他解释说:"我们都在与美国电话电报公司(AT&T)、威瑞森通讯(Verizon)、斯普林特公司(Sprint)和德国电信(T-Mobile)四大运营商竞争,因此作为小型运营商要携手合作起来。"

这种通力合作还使得史蒂夫能够为其他农村服务性通讯公司提供财务服务,包括美国亚利桑那州的一家公司。"到目前为止,我已经帮助过好几家刚刚起步的公司发展,"他说道,"每当我在各种场合遇到无线通讯公司的管理者,我便会询问他们是否需要帮助。我希望自己能帮助他们克服困难,而且在帮助他人的同时,自己也能获得薪水。"

另外,他还通过领英网站接手了一些业务。堪萨斯州的那家公司的创始人在一些社交网站上积极推荐了史蒂夫的服务,之后许多客户便开始主动联系他,史蒂夫也帮助他们筹备了电信普及服务基金的申请文件。他说:"这些业务为我提供了部分额外收入。"多亏了社交网站为他提供了客户来源,并且他知道任何时候只要想赚取额外收入,他都能继续通过这种方式找到客户。

从零开始

有时,副业者们会创建自己的在线社区,并最终依靠这些社区谋生。2000年玛丽亚·索库拉什维利(Maria Sokurashvili)的儿子出生的时候,她突然发现华盛顿特区完全没有一个新手妈妈交流社区。于是她很快就设立了一个邮件列表自己组织了在线聚会。"通过口耳相传,了解这个想法的人越来越多,人们纷纷报名,会员数量也从一开始的数百人上涨到现在的数千人。"四十出头的玛丽亚说道。

斜杠创业家

于是，她和做技术顾问的丈夫杰夫·斯蒂尔（Jeff Steele）决定推出一个网站 dcurbanmom.com。她深知新手妈妈们需要了解方方面面的信息，包括是去工作还是待在家中，如何保证孩子的健康，等等。根据新手妈妈们的需求，玛丽亚和杰夫在自己的网站上创建了十多个按主题分类的板块。随着妈妈们兴趣的增长，他们又迅速增加了更多的主题板块，如夫妻关系和怀孕板块。

作为一个对这个网站已经上瘾的人（我每天都会多次访问网站），我可以证明这个论坛是非常必要的。当我女儿有一次发烧到 38.9 度，医生却还没有给我回电话，我试着在网站上咨询，一小时内就得到了 6 个人的回复。（他们大多数都建议我给女儿服用婴儿泰诺。）当我 8 个月大的女儿彻夜不肯入眠时，网站上匿名的女士们会给予我鼓励，告诉我这段时期很快就会过去，现在我甚至十分怀念这段日子。（那段时间确实过得很快，而且现在的我也确实很怀念那段时光。）对我来说，这个网站最大的价值并不是获取专业性问题的答案，而是能在虚拟世界中结识一群与我同样的女士，这些妈妈们跟我面临着同样的困惑，我可以向她们发牢骚，可以在她们身上找到同志的友谊，或者只是让我感觉到其实我并不孤独。新手妈妈们常常会感到孤独，而玛丽亚找到了一种方式让这些孤独的妈妈们得以互相联系，互相慰藉。同时，在帮助他人的过程中，玛丽亚也逐渐为自己创建起了一份事业。

在夫妻俩不断发展壮大这个网站的同时，玛丽亚还在一家小公司做一名信息技术专员，每周要工作 30 个小时。玛丽亚和杰夫原本并没有打算利用 dcurbanmom.com 赚钱，但慢慢地，他们逐渐在网站上加入谷歌广告，广告收入用来覆盖他们网站运营和网络连接的成本。不久后，网站的广告收入开始激增。2011 年，仅仅在网站推出后的第十个年头，广告收入就高到足以让玛丽亚辞去她的信息技术工作。她说："现在，我可以全身心地投入到网站开发中了。"

第 4 章
结交朋友

她计划改进和更新网站的布局，并直接与广告商们合作（跳过谷歌这个中介），创建更加个性化、更有利可图的广告。经常有公司与玛丽亚和杰夫联系，想要投放广告，但他们目前还没有办法在网站上直接加入这类广告，所以他们会先将这些广告提交给谷歌广告，这也意味着他们要放弃一些潜在收入。因此，玛利亚说："目前我的首要任务就是开发一个能与广告商直接合作的新广告系统。"她的新工作日程安排也意味着她将有更多的时间在家里陪伴两个孩子。如果她不曾把为新手妈妈们创建网络社区发展为一份成功的副业，也就无法获得这样的灵活性。

埃米莉·米特纳（Emily Miethner）是纽约创意实习生公司（NY Creative Interns）的创始人，这家公司旨在帮助纽约的年轻创意者建立彼此之间的联系，并且为他们与经验更为丰富的专业人士之间搭建沟通的桥梁。在发展这家公司的过程中，埃米莉同样获得了成功。2010年，在埃米莉大学毕业半年后，她看到许多朋友对就业市场变得越来越沮丧。"他们都非常有才华，但似乎最后都不得不从事一些他们讨厌的工作。"她说。所以，她决定创建一个网络社区，并通过该社区把成功的专业创意人士与那些刚刚崭露头角的大学毕业生联系起来。她的想法起始于一次博客和网络社交活动。直到她与合作创始人雷布·卡尔森（Reb Carlson）意识到，他们可以通过对网站活动收费和寻找赞助商来维持运营，埃米莉的想法才逐渐得以实现。

在纽约创意实习生公司发展的初期，埃米莉仅创建了一个简单的WordPress博客，并在Meetup.com网站上注册了账户，她在这些社交网站上描述自己致力于创建一个在线社区，目标是将就业市场通过互联网汇集起来。"我们使用诸如网络、设计、社交媒体、实习、摄影师这一类的标签。"她说道。在几周之内，就有50人注册加入，埃米莉认为这主要得益于Meetup.com网站，有数百万人

斜杠创业家

通过它寻找与自己志同道合的人，这50人就是与她志同道合的人群。

随着 Meetup 网站会员数量的增长，埃米莉和她的新搭档马尔尼·史密斯（Marny Smith），开始在博客上分享更多的东西。他们邀请朋友们分享最近找工作的经历，还采访了一些知名企业的员工，包括领英网、美国在线（AOL）、四方公司（foursquare）和糖果日报（Daily Candy）公司，这些就业者也常常跟自己的社交媒体粉丝分享他们的职场经验。随着公司举办的活动越来越多，埃米莉每次都确保演讲者们（他们大多数都来自于一些著名企业）可以很便利地在线上跟大家分享就业信息。她说："我们常常会给注册者们发送模板化的电子邮件、预先编排好的推文和可以发布在脸谱网上的信息，我们为演讲者提供便利化的服务。"

"脸谱网、推特和 Meetup 网站是人们寻找活动信息的主要方式，"埃米莉说，"当然还会通过一些简单的网络搜索。"当人们用诸如"创意入门级"或"创意实习"之类的术语进行网络搜索时，纽约创意实习生公司总会出现在搜索结果的最上面。现在她的博客每个月大约有30000的访问量，每周有约4000新用户订阅她的博客。由于很多志愿者很乐意参与到公司（这在一定程度上是因为这份工作可以帮助他们与创意专业人士建立联系，并且寻找到新的就业机会），因此埃米莉可以将大部分的工作都外包出去：一位志愿者运营着埃米莉的博客，并管理着对网站有贡献的嘉宾博主。埃米莉自己则作为一名网络社区经理，全职工作于一个世界纪录类网站 RecordSetter.com，并利用周末和每天晚上的时间来运营纽约创意实习生公司。

埃丽卡、史蒂夫、玛丽亚和埃米莉，无论他们是与同龄跑步者、无线通信工作者、新手妈妈们，还是刚刚毕业的大学生打交道，他们每个人都充分利用自己的知识经验和对社交网络的精通成功创建了自己的事业。实际上，他们也

第 4 章
结交朋友

是这些与他们的生活紧密相关的网络社区的用户，也正是这样的生活经历激发了他们的创业想法，埃丽卡发现了运动饰品的需求；史蒂夫发现了财务专家在无线通讯领域内的发展潜力；玛丽亚发现了当地新手妈妈们存在互相沟通的需求；埃米莉则抓住了传统就业市场在互联网时代下的发展机遇。然后，他们利用各自的社交圈子不断开拓目标市场。诸如博客、脸谱网和领英网等在线社交网络的便利，给这四位副业者均带来了稳定增长的客户源，对你也同样适用。

结交朋友

要利用自己的社交网络来创建一份副业，你首先需要回答以下这些问题。

你当前的人际关系网能在哪些方面帮助到你？

你有"用得上"的朋友吗？你是某个专业组织的一分子？你就读的学院或大学有活跃的校友会吗？多与朋友们快乐地进行线下或线上的交流可以使你更容易地在自己的人脉圈中找到人生良师，或者在你的产品或服务已成型准备上市时，使你获得有益的建议或帮助。如果你在脸谱网和推特网上很活跃，那么你已经拥有了一个潜在的人际网络。这时，你应该在这些社交网络上发布你所经营的产品或服务的网站链接或一些照片，让他们都知道你正在做什么。你也许能收到一些祝贺信（即使是来自你的家人），抑或是吸引一些对你的产品或服务感兴趣的客户。另外，你的朋友们也许能为你拓展更大的人际关系网络，或者为你的产品和服务提供改进意见，这些对你的副业发展都十分有用。（在我把自己的店铺链接发布在脸谱网上后，我的一个作家朋友提醒我，在我的 Etsy 店铺首页的描述中有错别字。）

你当前的朋友圈中有没有人能成为你很好的合作伙伴？

两两合作，甚至三人合作有时候能使你的工作效率更高；这种合作能够使你的人脉圈、资源和盈利能力都跟着翻倍。在作家安娜·戴维（Anna David）的回忆录《爱上我》（*Falling for Me*）中，解释了为什么她决定和一个朋友（也是一名作家）一起创办图书编辑公司。她写道："一直以来我对待这份工作都有些随意，自主决定自己的收费，并试图在力所能及的范围内提供最好的帮助。但是，如果我们两人能进行合作，那么就能把公司经营得更加正规化，包括设定合理的价格、创建科学的图书编辑方法，甚至共享我们的客户。"

怎么才能提升你的社交媒体账户关注度？

为了宣传某一项具体的产品或服务，你可以创建一个专门的脸谱网页面，用于发布产品和服务的具体照片、顾客评论等。如果你从事的是视觉领域内的工作，则可以考虑建立一个 Instagram 账户。如果你很多潜在的客户都精通信息技术并长时间在线，那么你可以建立一个推特账户。对于专业性的服务，领英网的账户则是最好的选择。（提升你社交媒体的关注度会在一定程度上提升销量，具体的技巧将在第 5 章中进行讨论）

你更期望与什么类型的群体或组织建立联系呢？

如果你在高科技领域内工作，你可以寻找当地的科技人才聚会或者网络群体。如果你想在周末给宠物清洁，你可以寻找当地的遛狗公园或其他宠物的聚集地。你可以在 Meetup.com 网站上寻找一系列的当地组织或者根据你感兴趣的关键词上网搜索，即使这些词汇看似毫不相关，比如"园艺"和"城市庭院"。也许你会发现，你的利基市场已经存在了，并且你还有一些专注的追随者。虽然在某种程度上这些人是你的潜在竞争对手，但他们也是你的支持网络。你所关注的群体的领袖人物也许已经写过相应的电子书了，抑或是已经在定期举办研讨会；他们可能会在博客上写下他们的故事，或在推特上分享他们的经验。他们有一些宝贵的建议和人脉圈子，也许他们会愿意与你分享这些财富。

怎样追踪你的部落？

在你凭个人力量去寻找志同道合的人之前，你可以先了解一些社交媒体组织的在线发展轨迹。脸谱网和推特账户是主要的起点。当我想要更多地了解在线营销，我会在推特上关注市场营销大师玛丽·弗里奥（Marie Forleo）运营的针对女性企业家的"富裕、快乐、热情与生动"会议。我不仅免费获得了有用

第 4 章
结交朋友

的技巧,如一次关注一个目标,而且通过这个会议,我还开始关注很多成功的企业家,这进一步拓展了我的网络社交圈子。

你希望如何与他人交流?

有些人喜欢聚集到一起享受快乐的时光,期待着每次都能免费喝到玛格丽塔酒(有时候他们的确能),另一部分人则宁愿穿着睡衣坐在自家沙发上发电子邮件与别人交流。如果你喜欢面对面进行交谈,那么"结交网络社交群体,与他们聚会享受快乐的时光"这种模式更适合你。反之,你更适合借助社交媒体与人交流。

如果现在你能任意建立群体,会建什么群体?

这个问题的答案本身就可以变成你的一项副业,正如玛丽亚·索库拉什维利和埃米莉·米特纳一样。

融入群体中

如果你的商机还没有显现,或者虽然显现但你仍想获得一些额外的支持,这时你可以在丰富多样的在线社区中寻求帮助,这些在线社区专注于为那些已经开始着手创建副业的人提供帮助。虽然其中的许多博主是朝着培养全职企业家的方向去的,但他们还是会给你提供很多有用的建议,来帮助你将自己的技能或激情发展为一份营利性事业。

梅甘·莫伊尼汉·卡拉韦(Megan Moynihan Callaway)曾在旧金山的一个大型公关公司工作,那时她就梦想着能过上一种更加自由的生活。她说:"自由的生活是我和我丈夫共同的期待,这样我们才能在从事自己喜欢的专业性工作的同时,还能够住在想住的地方。"因为喜欢滑雪,他们想在每年冬天住在美国怀俄明州的杰克逊霍尔,其他时间则住在纽约。她的丈夫拉尔夫·卡拉韦

斜杠创业家

（Ralph Callaway）最近辞去了 salesforce.com 网站的工作，创建了自己的咨询业务。他热爱自由职业给他带来的自由，并逐渐感染了梅甘。梅甘也很想从事这种自由的工作。

梅甘继续自己的全职工作，同时开始悄悄开发自己的客户，这些客户大多数是通过朋友介绍而认识的。与此同时，她开始在网站上阅读文章，学习如何运营一个小型企业，其中克里斯·古里布的博客（chrisguillebeau.com）提供了很多关于如何在全职工作之外赚取额外收入的建议，LearnVest.com 则分享了许多女性企业家的成功经验。另外，她还借助于谷歌，搜索一些紧迫问题的答案。她说："我无时无刻不在谷歌搜索，其中包括从客户那里得到反馈的前10大问题，还有开发潜在客户的前10大问题，以此来了解客户的需求和心理状态，以及他们会如何运用自己的公共关系网络。"网络、博客以及网站已经成为了她的新同事和工作导师。

詹姆斯·蒙迪亚（James Mundia）是一家小型企业的信息技术协调员，同样是在阅读了拉米特·塞西（Ramit Sethi）的博客（IWillTeachYoutobeRich.com）和参加了 Earn1K 课程（这个课程关于如何创建一份自由职业）后，找到了副业灵感，开创了自己的足球教练事业。快30岁的詹姆斯住在弗吉尼亚州阿灵顿，他开始为附近的年轻球员提供私人足球培训服务。通过社交网站 LivingSocial 签订合作协议，他招收了50个孩子。

有一次他与当地社区大学协商，想使用他们学校的场地来开展冬季培训课程。意想不到的是，他不久就接到了学校的电话，询问他是否愿意面试该校男子足球队的主教练这一职位。学校给他提供的职位正是詹姆斯一直以来梦想的工作，现在也成为他的第二份副业。这份工作使他有能力在自己的培训班和大学足球教练两份工作出现冲突时，雇佣更多的人来帮助自己运营青年足球培训

第 4 章
结交朋友

项目。

他利用额外的收入支付了信用卡的债务并储蓄了一些钱去旅行。他从拉米特的博客和课程中获得的在线支持和相关建议帮助他改变了原有的赚钱想法，同时也教会了他如何提升销量。他说道："我现在可以搬到任何喜欢的城市去生活，并且我完全能胜任这份自由职业工作，这份工作足够我支付各种账单，或者仅仅赚一些额外的收入。"

副业这个概念最早的发起人之一帕梅拉·斯利姆（Pamela Slim），也在她的网站（escapefromcubiclenation.com）上谈及了如何寻找赚取额外收入的方法。帕梅拉还是《逃离小格子》（*Escape from Cubicle Nation*）一书的作者，她解释道："当我为那些想要离开企业工作并自主创业的人开展培训时，'副业'这个概念开始在我的脑海中变得越来越清晰。大多数人在那种情况下都背负着巨大的财务负担，无法立刻放弃全职工作。所以我发现，在这种情况下，寻找一份副业是降低风险的明智之举。"（她第一次听到"副业"这个词，是来自一位朋友十几岁的女儿，她用这个词汇来解释为什么她在自己的大学宿舍里做美甲来支付自己的生活开销。）

与克里斯·古里布和拉米特·塞西一样，帕梅拉不断激励她的读者将自己的想法付诸实践。她说："人们往往会花费太多的时间在计划上，但是却不知道如何进行测试来检验自己的计划是否可行。"她在自己的网站、书籍、在线课程和个性化的培训中都鼓励人们勇敢地迈出这一步。"你要以最快的速度将你的想法变成一个市场化的产品。"

除了我介绍的这些在线社区外，还有许多其他专家都经营着十分有用的博客和网站，其中大多数都保持着持续的运营和更新，如 Entreprenette.com、CreateHype.com、青年创业者理事会（yec.org）、TaraGentile.com（第 1 章中曾提及），以及 JonathanFields.com 等。如果你想搜寻一个符合你个人喜好的网站，你可以寻找一个符合自己情况和目标的网站，无论它是不是某个企业家的一项副业，它的目标客户是不是女性，它是否运营着在线业务。

找到你的部落

当我努力将"帕默尔的规划"付诸实践的时候，我意识到自己需要结交一些新的朋友。不是那种可以打电话抱怨糟糕的工作或倾诉内心深处想法的朋友，这类朋友我已经有了，并且他们一直陪伴着我。现在，我需要的是一个支持团队，当我困顿于创业中，无论何时都能向他们咨询问题、寻求鼓励。我有非常多的问题需要向他们请教：我该如何更好地推广自己？我应该以多快的速度发展自己的业务？我是否应该投资于付费广告？这些年，我不断通过各种博客和书籍摸索，渐渐地有了些许模糊的感觉，那些我渴望结交的新朋友早我几步运营着他们的事业，他们身上有很多正能量和答案可以与我分享，他们就在社交网络上，我只是需要找到他们。

我搜索的方式很传统，就是在谷歌上输入"创意企业家"搜索。在滚动浏览了一两页后，我终于发现了一个合意的网站：黑堡美人（BlackburgBelle.com）。这个网站是由阿普丽儿·鲍尔斯·奥林（April Bowles Olin）开创，她曾是一名心理治疗师，现在是一名全职的创意企业家，她靠自己的创意工作如培训等维持着自己的生活。她看上去和我差不多年龄，并且她用友好、通俗易懂的语言在网站上写文章，涉及的话题正是我所关心的，有"创意企业家最容易犯的几大错误""创意企业家应当如何利用每天的时光"，以及"如何更好地管理个人的时间"等。没错，她就是我想找的人！

第 4 章
结交朋友

通过她的网站，我还得知了另一位成功的女性——马伊·卡莱斯（Mayi Carles），并且使其很快成为我的线上导师。马伊创造了绚彩的记事本和其他手工艺品，在自己的网站和 **Etsy** 上进行销售。另外，她还写博客，制作视频，分享创意企业家的生活，这也就成为我的另一个免费的信息源。

然而，被动地阅读他们的网站是远远不够的。我想成为这些在线社区中的一分子。于是，我阅读并回复那些发布在她们博客帖子上的评论，在推特上与她们保持活跃的交流，并在她们的博客中物色业务合作伙伴，结交朋友。我感觉自己就像个新来的小女孩，等待着被邀请参加那些受人欢迎的女孩们的午餐聚会。

在采取了一些积极主动的行动后，我很快就迎来了这一刻。首先，我订阅了她们两人的电子邮件简报，让我能够了解他们正在讨论的新话题、发布的帖子和产品。当马伊发布了一份免费的周计划指南时，我被深深地吸引住了。我也免费获得了阿普丽儿的目标规划工作表。我还在推特上分别与她们进行了交流，表达了对她们产品实用性的钦佩。此外，我还经常在她们俩的博客中写评论，这些评论大多是回答她们在博客帖子上提出的问题，例如，在白天工作时，我们的精力时而充沛，时而低迷，如何才能最好地管理协调精力的这种起伏变化。她们也都对我的评论进行了回复，在回复中表达了对我的感谢，给予了我一些建议。现在，我觉得自己越来越靠近她们的核心圈子了。

有一天，大概是在成为她们网站粉丝的一两个月后，我注意到阿普丽儿正在推出一款新产品，在我看来这个新产品十分完美。它是一份关于如何将自己的创意进行市场营销的电子指南，直指我的薄弱之处。于是我花费了 22 美元（免税）将这个产品收入囊中。

我把它打印出来，花了整个周末的时间来研究它。她建议在一些知名的博客上发表文章，以便让更多的人了解你的新产品或新服务，这也是她自己用以提升网站关注度的方法。她还说道，你需要准确地向自己和他人表达出激励你创业的动力到底是什么，这一点至关重要。于是，我开始认真地在上面做笔记："我希望右脑发达的人可以像热爱艺术创作或烘焙蛋糕一样，享受财富管理的过程。我想把个人理财这个令人恐惧的陌生世界，击碎成能在口中融化的小碎片。我也需要财务实力让自己感觉良好。"我描述得可能有点夸张，但我最终确实把这段话放在了 Etsy 店铺的首页上。

阿普丽儿告诫我们，在店铺的货物还没有完全准备好时，不要急于推出自己的店铺，如果人们看到你的店里只有一两样东西，他们也许会扭头就走。虽然我不想操之过急，但是我在心里告诉自己，要尽快地多样化产品，储备更多有用又赚钱的产品。此外，我还研究了阿普丽儿是如何营销这份数字产品的。我立刻购买这个产品的原因之一，是她让这个产品看起来非常专业，让我相信她正是我所需要的那个专家。她说，她热爱营销，并且觉得在她的指导下，人们都能爱上营销。于是我开始思考能否把这种思维模式也应用到我的个人理财业务中：我热爱个人理财，我也想帮助其他人爱上它。

在研究完那份电子指南后，我在推特上给阿普丽儿留言，告诉她我有多么地喜欢这个产品，而她也立刻回复了我。我们就像亲密的朋友一样聊天。事实上，我们俩真正的关系是虚拟同事。当你正在经营副业时，通常是一个人独立地工作，而不是在一个办公室内与同事们共事。这就意味着，当你陷入困境时，无法打电话给公司服务台寻求帮助，也不能向你的同事要一个简易的 Excel 电子表格教程，你能依靠的只有自己。直到找到适合的新部落，你才能获取帮助。这个新的团体会与你分享他们的专业技能，为你提供支持和鼓励，并以他们的亲身经历来指导你前进，帮助你获得成功。正如本·卡斯诺查（Ben

第 4 章
结交朋友

Casnocha）和赖德·霍夫曼（Reid Hoffman）在合著书籍《创新由你开始》（*The Start-up of You*）中所说的那样："要改变自己，最快的方式就是与你想成为的那些人为伍。"

后来，我跟阿普丽儿就这种社交方式进行了探讨，我询问她是否曾经拒绝过那些很明显是为了自身利益而去亲近她，想要和她做朋友的人。如果他们留下的评论仅仅是为了宣传自己，那么她的回答是肯定的。她解释道："我觉得当那些人仅仅是为了推销自己，而不是真诚地想加入到与你的交流中，或者想结识你，抑或是真诚地想向你咨询一些问题时，他们的言行举止会非常明显地暴露出这种动机。可以看得出来，那些仅仅留下简短评论和他们产品链接的人，应该就是为了推销自己。当他们跟我联系时，我心里肯定会存在一些排斥感。当然，大多数人还是真正地对我的话题感兴趣，想真诚地加入到我们的交流中。"

现在，当我挣扎于每个月低迷的销售额，或者被一些博主拒绝（我十分希望这些博主能喜欢我的产品），我就会去访问马伊或者阿普丽儿的网站，并时刻提醒自己，我并不孤单，我在和大家一起奋斗。由于我白天一直处于传统的朝九晚五的工作环境中，所以我需要寻找一个新的部落，在这个部落里，我能时刻感受到自己内心的企业家——在我的内心深处，我十分渴望创造并销售我的理财规划产品。世界上还有成百上千的人和我一样，想知道如何才能依靠销售自己的创意产品来赚取体面的收入。有时候，仅仅了解到这一点就足以让我继续前进。

除了马伊和阿普丽儿的网站，我还发现了另外一种形式的支持团队，就是 Etsy 网站本身，Etsy 上的卖家群体能为我的 Etsy 商店提供意见反馈和发展建议。在 Etsy 的论坛上，店主们常常相互咨询问题、提建议。最初，我不敢加入到他们的谈话中，因为我担心自己提出的问题太业余，其他级别更高的 Etsy 卖

斜杠创业家

家会嘲笑我。但是我很快就发现，他们都和我一样，渴望一起交流想法、互相帮助。即使在批评的话语中也包含着温婉、有益的建议，比如"把你的第二张照片变得更亮一些"或者"可以降低你的价格"。

在与他们的交流中，我得知自己应该开始使用社交聚合客户端，使用它我既可以管理我的推特粉丝，还能同时在推特和脸谱网上发帖。有一个店主在论坛上写道，她把店铺的名称改成了一个更能激励自己，也能更好地描述产品特性的名称，果然这一举措给她带来了更好的效益。（我的店铺名称也很枯燥乏味的，当初我是根据自己的名字来起的，现在我应该以一个Etsy购物者，而不是卖家的视角重新构思一个店名。）我还发现，把理财规划书邮寄给客户时，应该多注重一下外包装。很显然，客户都喜欢小赠品和漂亮的包装纸，所以我定制了"帕默尔的规划"商店的书签，放在每一个订单中。

此外，根据论坛上的一个帖子，我为自己的店铺创建了一个折扣代码，我可以向客户赠送这些折扣，来鼓励他们向自己的朋友们宣传我的店铺。"是否给店铺的产品订阅者提供一些免费产品"这一问题在论坛上引起了激烈的讨论，最后大家达成共识，一致认为不应该这么做，因为这是一种资源的浪费。另外，我还了解到应该更加关注店铺内的照片和图像，这些照片和图像不应该仅仅是向客户展示产品的方式，更应彰显一种生活态度。所以，最后我把理财规划书放在我的木制餐桌上，挨着我的绿松石杯子，等到午后阳光透过窗户照进来的时候，咔嚓一声拍下了我最喜欢的一张照片。

对于那些在Etsy之外的其他网站上销售产品的卖家来说，基本上也会存在着一个类似的线上论坛，只是运作形式不同，取决于你销售产品的方式、地点以及所处的行业类型。在雅虎群组、网络论坛，甚至脸谱网页面上，你都能找到这些社交圈子。那些同样运营着副业的朋友们，即使身处与你完全不同的

第 4 章
结交朋友

行业领域，也可以成为你的导师和支持者，这也是我建议你在脸谱网上分享你的工作的另一个原因。当我在脸谱网上发布了我的店铺链接后，一位中学时的老朋友给我发消息说，她也有一个 Etsy 店铺。于是我们在关于如何宣传产品，如何拍出更好的照片等问题上相互交流了心得。在认识了我聘请的插画师丽莎·尼尔森（Lisa Nelson）后，我建议她在纸源公司上推销自己的文具产品。后来，她通过推特和一家公司取得了联系，并寄送了一些样品。我在《纽约时报》看到了一篇最近流行的新生儿派对上的"性别揭秘"蛋糕的文章，这篇文章说，顾客可以根据蛋糕内部的颜色，粉色或者蓝色，来告诉宾客宝宝的性别。于是，我立刻将这个故事用电子邮件发给了克里斯·富林。你永远不会知道自己下一个好想法会来自何处。

有了这些新的支持团队在身后鼓励与帮助，我已经准备好了进一步提升自己的能力，提升店铺的价值，打造出自己的品牌。这些目标任务，尽管至关重要，但对我来说，并不会自然而然地形成。我宁愿采访别人的工作，也不愿意谈及自己的工作。但是，要想把副业发展到一个新的高度，我必须要克服这种以自我为中心的忧虑。因为事实证明，提升自己是创造个人美好经济生活的必不可少的一步。

给副业者的最强指导

- 社交媒体常常能将副业者与在线社区、支持团队和首批客户联系到一起。
- 寻找到一个能激励你，尤其是为你量身定制的在线社区或博客，往往能带给你非常宝贵的支持和帮助。
- 网络搜索、Meetup.com、脸谱网和推特都是十分有用的工具，能带领你寻找到真正适合你的部落。

05

PUTTING IT OUT THERE | 将想法付诸实践

在2012年1月的一个寒冷的晚上，凯蒂·加思莱特（Katy Gathright）和她的朋友伊姆兰·霍贾（Imran Khoja）走在人行道上，正沿着大道穿过威廉姆斯大学新英格兰校区，他们是这所大学的大四学生。他们一边在寒风中冻得瑟瑟发抖，一边往凯蒂的宿舍走去，这时伊姆兰跟凯蒂说道，他想参加一个新的校园创业比赛。学生们可以向委员会提交职业规划，由委员会从中选出优胜者，而优胜者的奖励是15000美元的种子资金、办公空间以及其他支持。唯一的问题是，比赛规定里需要有一名队友，可是伊姆兰不知道该选择谁作为队友。

"如果你想让我做你的队友，我可以。"凯蒂告诉他。

"太棒了！"伊姆兰激动地说。虽然凯蒂心里以为他是在暗示自己帮助他，但伊姆兰确实没这么想过。但现在，他考虑了一下，凯蒂的确是最合适的人选，凯蒂早就了解他的职业理念，他也信任凯蒂，并且他们确实经常混在一起。当晚，他们分别后，凯蒂又和朋友玩了啤乓波（beer pong）[①]的游戏，伊姆兰却

[①] 一种控制啤酒流速的漏斗。

发来了一连串的短信，解释为什么她应该在这场比赛中加入他的团队。

接下来，他们共同提交了商业提案，项目名称是"完美设计"。这是一个闪购网站，在传统闪购网站 Gilt 以及 Zulily 的基础上，他们做了一个转变：网站所有的特色产品不仅设计得很漂亮，而且会持续供应。"我们的主要理念是将伦理道德和设计结合起来，并将这种理念运用到闪购网站上。"凯蒂说道。在参加班级任务和毕业班庆祝活动之余，他们抽出时间不断完善这个想法。几个月后，他们赢得了比赛，并计划夏天在马萨诸塞州的威廉斯敦上开设商店。

凯蒂、伊姆兰和一位威廉姆斯大学的校友，三人迅速开办了网站，人们可以开始在他们的网站上进行注册。紧接着，他们开始向那些他们认为可能愿意与他们合作的品牌商进行商谈。最后，他们与品牌商达成协议，在一段有限的时间里，这些品牌的产品能够以大幅度的折扣价在他们的网站上销售，网站则通过折扣价上的小额加价获取收益。他们最初打算在网站上销售的特色产品包括：一个能够重复使用的滤水壶，和一家致力于将旧 T 恤升级改造为诸如毛毯、内衣等其他产品的公司的商品。（升级改造是指将那些变旧、废弃的产品改变成崭新且实用的商品的过程。）

凯蒂曾做过大学校报的主编，因此由她来创建公司的博客。她在博客上着重突出"可持续性"这个概念，似乎在传达他们此次创业的本质思想，还在博客上放上一些吸引她眼球的产品。她说："即使我们并没有刻意去设计，但这些产品背后的确有着很丰富的故事。这也正是我们的产品与市场上其他产品的不同之处。我希望我们的网站能够让你消磨时光，你可以在这阅读一些很酷的故事，让你觉得值得每天来访。"

事实上，通过她的博客和相关的社交媒体账户的宣传，包括推特、脸谱网、领英网和 Pinterest，网站在短短几周内就吸引了 500 多人注册会员。她说："我

第 5 章
将想法付诸实践

们是根据内容来创建在线社区的,人们不仅可以看到网站上的产品,还可以饶有趣味地阅读产品背后的故事。"她可能描绘了一个25岁的纽约市居民是如何开始创办城市花园的,或者其他二十多岁的人是如何开创具有社会责任意识的企业的,她还给一些知名又刚好愿意交换发布客座文章的时尚博主发送推特消息。(我之所以知道"完美设计"网站,是因为凯蒂在我高中学校的领英主页上发布了网站的链接,她也是从那所高中毕业的。)为了更好地宣传他们的网站,凯蒂还在其他网站上发布了客座文章。每当有新会员注册时,他们就会利用金钱激励促使他们立即邀请其他朋友加入会员:成功邀请10位朋友,就可以在下一次购买商品时,获得20美元的优惠。(他们后来又调整了这种激励制度,任何人只要邀请两个朋友成功加入会员,就可以获得一次免费送货的机会。)

博客帮助凯蒂和伊姆兰诠释了他们品牌。"我们希望网站能表现得如同一位年长的哥哥或姐姐,你可以从他们那儿获得自己渴望得到的极好的理念和很棒的东西,并且这位哥哥或姐姐也具有社会责任意识。"凯蒂补充道。他们还从博客中获得了很多有价值的客户反馈。当一些博客帖子描述了升级改造的内衣并引起很多关注,他们便决定在下一波销售热潮上将这个产品作为特色重点销售。在Pinterest账户上,凯蒂十分留意哪些产品得到了最多的分享和评论,并把这些产品作为市场调研目标的一部分。她的市场调研是为了研究哪种类型的产品能与会员产生最大的共鸣。

和上一章节中埃丽卡·萨拉和她的定制运动珠宝的故事一样,凯蒂也认为博客能帮助潜在客户了解并信任他们的品牌,并且博客能帮助她将业务发展到下一个非常重要的阶段:销售获利阶段。事实上,她认为公司第一次试运营销售可重复使用的滤水壶,就获得了如此高的购买率,其中一个很重要的原因就是"完美设计"网站的这些社交媒体的存在。每 100 个知悉这个产品的人群中，有 17 个人进行了购买，对于一次线上销售活动，这确实是超高的购买率。

凯蒂渐渐了解到新产品或新服务的宣传必须抓住这样一个核心理念：赢得客户信任，解释你的产品为什么会存在，以及让人们开始了解你，这是创立一个品牌的全部过程，并且要让人们内心感到在你这里买东西很舒适，这一点也是至关重要的。将想法付诸实践，往往意味着你必须要走出自己的舒适区 ①。

成名在望

名人们也同样知道品牌的重要性。那些期望在 30 岁之前达到职业高峰的超级模特，都会努力将名声扩展到更广阔的领域，而不是止步于塑造一个美丽的形象，这样他们就可以利用自己的名声进军第二职业。海迪·克卢姆（Heidi Klum）将自己蜕变为一个时尚偶像、服装设计师和《天桥骄子》(*Project Runway*) 节目的主持人。辛迪·克劳福德（Cindy Crawford）推出了护肤产品和家居装饰产品线。卡罗利娜·库尔科娃（Karolina Kurkova）是高端名人活动的主持人，她觉得自己下一步很可能会推出一系列婴儿产品。甚至，年轻的模特都知道，他们需要早日塑造自己的品牌，二十出头的超级名模科卡·罗查（Coca Rocha）充分利用社交媒体的力量，这一点值得她的同龄人学习。（科卡拥有一个有 50 万粉丝的推特账户，同时她还经营着一个活跃且知名的轻博客 Tumblr 账户。）

这些超级名模的经验同样也适用于我们：假如某一天我们的全职工作突然

---

① 舒适区（Comfort zone）又称心理舒适区，指的是一个人所表现的心理状态和习惯性的行为模式，人会在这种状态或模式中感到舒适。

第 5 章
将想法付诸实践

消失了，个人品牌可以帮助我们更容易、更快地找到新工作。品牌于我们如同行医执照于医生。即使我们从一项事业转移到另一项事业中，品牌价值能够让客户、职员或粉丝们始终追随着我们吗？（个人品牌能造就我们的与众不同。如果你了解自己的专长，那么通过社交媒体营销自己吧！这种与众不同能让老板更愿意留下你，并且也保证我们不会轻易地被那些年轻又廉价的应届毕业生所取代。）

正是品牌让我们从那些知名自由职业网站的竞购战中脱颖而出。生活在印度的平面设计师，他们的出价总是低于生活在美国城市的设计师，因为人们愿意花更多的钱来购买他们熟知的东西。

在我采访过的众多拥有强大个人品牌的副业者中，上一章节所提及的阿普丽儿·鲍尔斯·奥林似乎最能例证"强大品牌"的力量。拥有一头黑发，且像瑞秋雷（Rachael Ray）[①]一样狂热的阿普丽儿，通过博客、视频和产品介绍，成功地将自己塑造成了一位人人渴求的副业伙伴：她友好，具有创意，专业，并且发自内心地热爱着自己作为创新企业推动者的角色，而且她有谋略。

虽然她看起来只是在做自己感兴趣的事，但阿普丽儿从最开始就下意识地创建自己的品牌。五年前，她就开始了自己的线上事业，推出了婚礼策划博客，该博客的核心就是自己动手。从新娘的头饰到邀请函，都由自己 DIY 完成。但是当她结婚后，她对婚礼蛋糕或新娘面纱就不再感兴趣了。

最后，她为自己重新创建了一个新的品牌：黑堡美人。现在，她在 Etsy 网站上出售珠宝，也回答大家的问题，比如如何开创类似的创意事业等，于是她决定在博客上写一些有关如何建立成功创意企业的文章。但是，博客只是她

[①]瑞秋雷是美国电视烹饪女王，拥有众多拥趸。

的副业，她的全职工作是一名心理治疗师，在纽约治疗高危险群青少年。她说："我和家人在一起时，情绪容易不稳定，所以需要在家里做一些可以让我释放压力的创意性工作。"于是，她开始在线上提供团体辅导课程，没过多久，她便放弃了心理治疗师的工作，转而全职投入到她的创意事业中。她现在的收入是以前心理治疗师薪水的四倍。

你只需要快速地浏览一下阿普丽儿的网站，就能知道她成功的秘诀。从她独特的品牌和她为访客提供的信息中，你很容易就会相信：她可以真正地帮助你发展起自己的创意事业。即使你觉得自己不喜欢市场营销，她也能教导你如何成为一个擅长市场营销的人。

当她开始在自己的新网站（BlacksburgBelle.com）上写文章，她会确保自己的帖子能为读者提供真正有用的信息——创业的一些具体技巧。起初，她花了很多时间帮别人写博客文章，而这些文章也是她宣传自己新网站的一种主要方式。另外，她还给其他知名的博主发送自我推介邮件，最后她的作品被精选发布到 blogcastfm.com 网站上，还在 Designsponge.com 上写了一篇客座文章，这让她在一天之内获得了 300 位新的关注者。她说："为了让自己的作品在所有可能的地方都留下足迹，我没日没夜地工作着。"她的努力也得到了回报，很快她的网站日流量就达到 800 多。现在，已经有 5000 多人订阅了她电子邮件简报。

这一路上，阿普丽儿通过分享自己的工作和生活，建立起了读者对她的信任感和忠诚度。她强调，分享"为什么创业"或是"什么驱动着你创业"很重要。她说："如果你提供的是纯手工制产品或是一对一的服务，人们会更加愿意从你这里购买产品或服务。"他们越理解和信任你，越可能在你这里购买。她发现，购买过团体辅导课程的客户中，大多数都是她邮件简讯的长期

第 5 章
将想法付诸实践

订阅者。她说:"通过长期以来给读者提供内容资源,我与他们建立了良好的关系,因此他们都知道我很值,不会欺骗他们。"在她的邮件简讯中,她经常分享个人的故事,或者是她和她丈夫的一段对话,又或者是她过去为什么讨厌尝试新事物。为了找到正确的基调,她常常自问:"该如何把这些故事表述给朋友听呢?"

现在,她已经建立了自己的品牌,阿普丽儿不再需要花太多的时间去给潜在的博主和客户做推广。最近,她把这个好消息分享给了订阅邮件简讯的读者们:"现在,每天都有人通过网络搜索、采访和客座博文发现我,联系上我。"她不再需要去寻找客户了,客户都在主动寻找她。

梅利莎·麦克里里(Melissa McCreey)是职业网站"The Daily Muse"的创始人,她用类似的策略,在建立网站的 10 个月内,就吸引了百万用户。梅利莎和她的两个合伙人凯瑟琳·明舒(Kathryn Minshew)和亚历克斯·卡瓦拉卡斯(Alex Cavoulacos)在大学毕业后都进入麦肯锡咨询公司做咨询顾问,她们很快意识到职场上还有很多需要学习的知识。"我们觉得自己需要引导,需要良师。我确实有一个好的导师,他帮助我学会了如何表现自我,如何管理团队,以及如何在一些小事上表现得更好,比如在一句话结束的时候提高嗓音只会让我看上去更像个职场新人。"她说。虽然梅利莎和她的合伙人一开始只是专注于年轻女性的市场,但很快就发现很多年轻男性同样对职业技巧很感兴趣。

这也正是她们建立"The Daily Muse"的原因——这个网站旨在帮助 20 岁出头的年轻人更好地就业。梅利莎和她的合伙人平均年龄都在 25 岁左右,他们在 2011 年 9 月份推出了这个网站,也把它作为精心塑造的品牌。

他们知道目标受众是那些二十多岁奋发向上、雄心勃勃的职业人士,于是撰写了一些高质量的文章,并利用这些文章与目标受众联系起来,这些文章里包含着有用的建议，例如如何带着午餐去上班或者如何避免过度劳累等。文章确实不错，以至于《福布斯》（Forbes）和《赫芬顿邮报》（Huffington Post）都开始刊登他们的文章，这无疑给他们带来了更多的读者。连阿里安娜·赫芬顿（Arianna Huffington）都给他们的网站写了一篇文章，题为《给年少的自己一堂课》。（她在文章中描写了年少时候的她是多么希望自己能得到更多的睡眠。）

他们计划下一步吸引更多的读者。梅利莎和她的合作团队开始向读者们征求特邀博文。她说："我们通过网站把这些作者都联系起来，让他们知道我们是做什么的。"作者的人数迅速膨胀，很快就超过了 200 人，他们的文章主题大多是关于自己曾经挣扎过的一些问题，比如如何成为一名自由职业工作者，如何谈判工资，以及如何在职业转换的过程中找准正确的方向。

"这一举措在我们建立客户群组的过程中发挥了很大的作用，"梅利莎说道，"这些作者会到网站上，与朋友们分享自己的文章，感受自己作为社区的一分子，愿意与我们一起建设这个社区。"这一举措还使这个网站充满了多样的观点和新鲜的内容。梅利莎说："我们不仅仅依赖少数几个职业作家，我们的执笔人来自各行各业。"与该网站相关联的推特、脸谱网和 Pinterest 账户吸引了更多的读者，尤其是这些账户发布的一些形象化的文章，像如何将午餐沙拉打包在梅森罐里。

在网站推出后的第十个月，网站就拥有了 30 万次的独立访问量，并且此后还在以每个月 30% 的增长率飙升。梅利莎和她的合伙人参加了 Y Combinator[①]的创业孵化器项目，这家公司位于加利福尼亚州的山景城，她们在那里筹集到了天使投资人的资金，现在正在制定进一步的发展计划。（天使

---

①美国著名的创业孵化器，2005 年成立，扶持创业企业并为其提供创业指南，截止 2012 年 7 月，共孵化 380 家创业公司。

第 5 章
将想法付诸实践

投资人将资金投资于一些初创公司，交换一定比例的所有权。如果初创公司获得成功，他们就能获得这部分的回报。）她们的收入主要来源于在网站上发布一些公司简介及相关的工作岗位，从 Groupon 团购网站到"为美国而教"(Teach for America) 等各种各样的团体组织都支付了月费成为这个网站的会员。梅利莎说："我们希望自己的网站能成为职场人士的首选信息来源，为他们的职业生涯指引方向。我们希望，当他们在思考如何前行，或者他们需要建议，抑或是他们得到了晋升想谈判工资时，他们知道在我们的网站上能获取所需要的帮助。"这就是 The Daily Muse 这个品牌的定义。

打造品牌的 101 堂课

我们都早已拥有自己的品牌，只是并未察觉而已。如果某公司正在考虑是否要雇用你，想要了解有关你的更多信息，那么他们可能首先会在网络上搜索你的名字。不管搜索结果如何，不论是好是坏，那就是你的个人品牌，他们对你印象的好坏就来自于你公开的印象。这时，最关键的就是要确保网络搜索能准确地显示你想让它显示的东西。（当然，你的个人品牌同样能在线下世界获得。推荐信、同事、朋友，无论他们对你的评价是什么，都构成你的品牌。）

最简单的一种方法就是自己建立一个网站或博客来解释你是谁，你能向世界提供什么。即使是一个很简单的网站，只包含一份个人简历，一张照片或是一个与工作经历相关的有效链接，都能展示你的品牌。制作简历的时候，你希望这个世界看到什么样的你，就把自己描述成那个样子：如果你想成为一个作家和演说家，那就把自己描述成一名作家和演说家，即使你只做了几场演讲或只写了几篇文章。从某种程度上讲，仅仅称自己是一名"演说家"或者"教练"，你就能成为那样的人物，因为潜在客户会把你作为演说家或者教练来看待你，并且考虑和你一起共事。然后，你可以在现有的社交媒体账户，如脸谱网上面发布你的网站链接，这样当有人在网上提及你的时候，他们就可以链接到你的网站页面。有了足够的点击量，这个主页在网络搜索时，就会第一个弹出。（假如你的名字很普通，或者与一个更有名的人同名，那么你就需要更加努力才能使你的网页得到关注。）

这个网站应该足以告诉人们你是谁，你可以为他们做什么。也许你能给予他们职业建议，或者告诉他们如何还清债务。也许将来某一天，你会成为他们的园艺设计师，或者你将成为他们订购全素纸杯蛋糕的首选。无论你的专长是什么，这个网站都应该回答清楚一个问题：是什么让你与众不同？

虽然你没必要花太多钱在这个网站上，但它必须看起来整洁、专业并且具有吸引力。只需要不到100美元的花费，你就可以雇用一个自由职业的平面设计师来为你设计一个别致的网页页眉。要找到合适的设计师，你可以咨询你最心仪的博主或者在推特、脸谱网上发帖询问朋友的意见。你还应该考虑购买一个由你的名称或业务构成的网址，这样你的网站地址中，就不会包含诸如"wordpress.com"或"blogspot.com"等累赘的字样。至于网络托管，你可以在诸如wordpress.com的网站上获得免费的托管服务，然后将该页面重定向到你的网址上，或者你可以按月付费获得升级的托管服务。

从这些方面来看，建立一个品牌需要一种类似于约会的礼节，就像在第一次约会的时候，不断地自我推销反而会适得其反。互动，一起聊聊别人，则会给你加分。戴尔·卡耐基（Dale Carnegie）是一位致力于自我提升的大师，他呼吁人们做让他人感兴趣的事情，永远不要当众批评他人，并时刻保持微笑。当看到有人上传自己生气的照片作为脸谱网或推特的头像，我总是感到惊讶。

第 5 章
将想法付诸实践

这激不起我去关注他们。在卡耐基的经典书籍《人性的弱点》(*How to Win Friends & Influence People*) 中，他阐明了如何将他的建议运用到社交媒体中。他说，如果你想批评某人，那么在线下私下跟他说。在推特或脸谱网这种公共主页上争吵，往往会让看到的每个人都感到尴尬。一些博主利用这种方式来引发争论，很容易适得其反甚至失控。在线上对他人的评论进行回复，应该更像在一场鸡尾酒会上的聊天，而不是一场酒吧内的争吵。那些在推特上自说自话的人，看起来有点像局外人，或者更糟糕，像个自恋狂。对于你发布在网页上的照片，卡耐基在书中指出的研究表明，那些在自己的脸谱网上放置更多微笑照片的人，往往拥有更多的朋友。

当你想拥有更多的关注者时，邮件简讯可以帮助你。在诸如 MailChimp.com 或 ConstantContact.com 的网站上，只需要花很少的钱，甚至可以免费创建精美的邮件简讯。一旦有了电子邮件地址，你可以随时发送邮件简讯给别人。如果你正要推出新产品或新服务，你可以先发给邮件简讯的订阅用户，让他们了解这项产品或服务，甚至可以给予他们适当的折扣或免费赠品，来赢得他们的忠诚。正如阿普丽儿·鲍尔斯·奥林所说的："寻找一种方式与那些只属于你的客户取得联系，这一点超级重要。"阿普丽儿将自己的邮件简讯作为一种备份计划，比如当她在推特账户上推出某个项目，但反响很小的时候，电子邮件通讯就是一种很好的弥补手段。

2007 年，我第一次在 USNews.com 上建立博客"阿尔法消费者"（后来成为了一个十分知名的博客），很快我就发现，当我在博客上分享个人理财故事，人们的反应最积极。故事包括：为什么我会觉得买车的压力这么大，我的父母是如何教育我进行理财的，以及我与医疗保险公司客户服务部门之间令人厌烦的交流。这类的文章获得了最多的评论，当我与一些知名的理财博主一起举办知识竞赛，并交换发布客座文章的那段时间，我的读者数量呈现爆炸式增长。一些正在物色理财专家的记者和电视制片，无意间通过网络搜索看到了我的网站，也开始邀请我接受采访或参加一些电视节目，这无疑为我的博客（当然还有我本人）带来了更多的访问量和更高的关注度。

　　正如阿普丽儿所发现的那样，与其他网站互置链接可以快速打响你的博客品牌，并且只要你的博客内容具有足够的吸引力，读者们就会持续关注下去。（这样也会吸引到一些具备影响力的朋友。如果你已经通过社交活动、推特，或在其他博客上留下评论等方式结识了一些知名的博主，那么他们很可能会主动邀请你为他们的博客写客座文章）。

　　另外，你的网站还必须表达清楚，让你在数以千计的博客中脱颖而出的是什么。是像阿普丽儿一样为创意企业提供发展建议吗？还是像我的"阿尔法消费者"博客一样保护消费者权益？又或是像凯蒂和伊姆兰的"完美设计"网站一样给人们提供兼具环保和美观的产品呢？

　　我们的媒体世界正在转型，传统报纸的读者数量在下降，人们渐渐开始依赖多种多样的小网站，而不再是一种包罗一切的新闻来源。所以，通过网站或博客建立起粉丝群体，甚至比在知名报纸或杂志上刊登一些正面评论更能促进产品或服务的销售。找到持久且愿意付费的客户群体的关键在于，让人们关心你的动态，并令他们信服你可以真正帮助他们。

　　如果你正在自我营销中挣扎，并且像我一样，觉得这是你的弱点，那么你可以做出另一个选择：你可以雇用专业人员来帮助你。你可以付钱找个人来为你管理推特账号，发起市场营销活动，甚至为你发送一些个人推广。但问题是，专业的推广所需的费用可能比五星级的意大利之旅还要昂贵。一个作者曾告诉我，她大概每个月要花费 7000 美元雇用专业人士为她宣传新书，9 个月的宣

第 5 章
将想法付诸实践

传期，总共要花费 63000 美元。显然，这种方式对于大多数像我们这样的人来说，根本负担不起。即使你出得起这个价，花出去的钱也并不一定能保证可以引起媒体轰动，或带来销量。但是，要自学如何进行自我营销，最重要的原因是这是一项十分宝贵的技能，它能在你的全职工作和未来的副业工作中持续为你保驾护航。（并且如果你真的雇用了专业人员，他们很可能会利用你靠自己的力量已经发展起来的人脉关系。）

当然，在一些技术升级和能力培养上进行适当的投资也是必要的，如一个专业的网站设计，一本关于社交媒体营销的电子书，或者类似阿普丽儿所提供的那种团体辅导课程。成为一名优秀的市场营销人员，在一定程度上意味着，不论何时你需要营销自己的产品或服务，你都能手到擒来。

如何打造品牌：为你的进步打分

回答下面这些问题将帮助你明确自己的关注点，并能将你的品牌/营销活动提升到一个更高的层次：

1. 谁是你的理想客户或消费者？（描述得越详细越好，包括他们的性别、年龄、兴趣和所在地区。）
2. 与这些目标受众建立联系的最好方式是什么？他们通常上网做什么？据统计，哪些网站或博客最受他们欢迎？
3. 当前，你是通过什么方法来接触你的潜在客户或消费者的？
4. 你目前的客户有谁？他们是如何找到你的？
5. 怎样做才能接触到更多的目标受众？
6. 如果你在网上搜索自己的名字，会搜到什么？你希望搜索结果是什么？
7. 你在社交媒体账户上是如何描述自己的？
8. 你是否曾经向同领域内销售类似或差异产品和服务的人宣传过你的产品或服务？你们是如何互相帮助的？

> 9. 你是如何聚集志同道合的人，创建属于自己的在线社区的？这些人也是你的潜在客户吗？你是否提供博文、邮件简讯或其他类型的免费信息来吸引潜在粉丝？
>
> 10. 你在营销过程中最大的弱点是什么？对于该弱点，你应该如何寻求帮助？

宣传的艺术

如果你的目标客户是特定的、高度专业化的人群，比如素食主义的孕妇，或者跑马拉松的律师，而且一般这样的目标受众一定不会很多，在这种情况下，针对性的推销和口碑营销相结合的营销方式会更合适。这也是现在二十出头的彼得·戴维斯（Peter Davis）在宣传自己新的社区建设网站 ourcommonplace.com 中选择的主要策略。

彼得是一名刚刚毕业的大学生，但是他的思想和行为看起来更像是一个老练的大学教授。当他还是一个在校生的时候，他就推出了自己的网站。就像是电影《社交网络》（*The Social Network*）中的一幕，在哈佛大学的第一年，有次他和室友一边吃着午饭，一边讨论着在学年结束之际申请暑期实习的事情。他们自然而然地谈到如果有一个网站能把各个城市所有有用的实习信息都汇集到一起，那该多好。彼得回忆道："过去寻找实习的大学生应该都有过这种想法。我们开始疑惑：'既然这样，为什么没有一个网站能让当地的大学生分享和交流这些实习信息呢？'"

正是这段对话催生出了 CommonPlace。这个网站给各个城市的会员提供了一个互相交流、买卖商品，以及发布活动事宜的集中场所。彼得和他的合伙人

第 5 章
将想法付诸实践

决定把其中"买卖商品"这一板块发展为营利性事业,对这种交易收取小部分中介费用。(目前,这个网站的运营费用,包括彼得和他的合伙人,以及其他员工的工资,都由天使投资人资助。)

彼得并没有被动等着人们来了解这个网站,而是带着团队亲自去一些他们认为比较适合在网站初期进行营销的城市主动进行宣传。彼得说:"我们选好城市就出发了……而不是等着市长来接见我们。"一旦他们选定了目标城市,就会派出一小部分社区组织员,用六个星期的时间散发传单,和社区团体一起宣传他们的网站,雇用当地青少年,称为"童子军",采访当地的领袖人物,并将采访稿发布到网站上。社区组织员们还注册了脸谱网和推特账户来推广他们的新网站,并与当地媒体协商进行宣传报道。随着网站在越来越多的城市推广开来,彼得决定通过电话和互联网扩展他的宣传范围,让网站的会员数量进一步上升。

尽管彼得和他的团队目前所选的城市都是他们所熟悉的地方——在第一批宣传的城市中,就有彼得的家乡弗吉尼亚州佛尔斯彻赤市——但是他们也会对网站上收到的请求做出回应。现在,他们的战略初显成效,CommonPlace 在很多城镇都拥有了超过 10000 名用户,他们还在不断地向各个地区扩展业务。彼得说:"我们希望有一天 CommonPlace 可以遍布美国的 18000 个城镇。"

露辛达·莱昂-威登(Lucinda Lyon-Vaiden)在华盛顿特区的杜邦环岛附近从事传统的中医针灸、按摩治疗,在她开始推出服务时也采取了非常特别、有针对性的策略:她没有利用公众广告,而是向朋友和同事宣传了这项新业务。在做这份工作的头一个十年里,白天她是日程安排员,下午 4:30 到 7:30 则用来接待病人。几乎所有接受过她治疗的客人都是通过口耳相传、慕名而来的。

这正是她想要的结果,她说:"我不想为了宣传而在黄页上登一个大幅广告，因为我希望每一个被推荐来的人都是一种自我选择，并不是随便从街上过来看看，要跟你滔滔不绝地讨价还价，商量治疗时间。特别是做按摩的时候，有些人会非常紧张。"但她做得很好，她的顾客先是朋友和同事，接着是朋友和同事的朋友、恋人、妻子、老板、亲戚。

露辛达极有针对性的营销策略让她得到了最理想的客户类型：他们对保持全身健康很感兴趣，经常分享与露辛达一起读过的有用的文章和研究报告。她说："客户们会告诉我很多关于草药、医药、研究和食物的知识，所以这是一个双向沟通的渠道，和他们保持交流可以让我跟上时代的步伐。"

我趴在露辛达的按摩台上听她向我讲述了这些事情。多年来，我一直去她那里接受按摩，治疗我的腰痛。她的工作间（她和其他的健康理疗师一起合租的地方）里放满了解剖图、健康书籍、舒缓的音乐 CD。和她其他大多数客户一样，我是受她同事推荐才来的，她的这位同事还介绍说她在工作时异常专注。而且，在我第一次进入她的工作间时，那种极简的装饰风格一下就吸引了我。

女高音蕾妮·弗莱明（Renée Fleming）在她的回忆录中写道，用内心的声音触动你想触动的听众（顾客或用户），这是你控制自己事业的最好方法。她说："密集出击比等待防守要好。事实上我们需要主动地决定自己想要的，而不是等待需求找上门。"如果要促成一些事情，就需要你自己创造发生的机会。比如，要写一段宣传语，你要问自己究竟想要获得什么机会？理想的听众或者客户是谁？你真正想做的那些有价值的事情是什么？

第 5 章

将想法付诸实践

完善你的宣传策略

优秀的宣传策略应该能够个性化地、清晰地描述你能够提供什么，还要能够阐述客户可以从中获得什么。假定你想把自己的平面设计推广给一个广受欢迎的博客，如果你能让博主了解到你是她的粉丝，你非常了解她的博客，并且你可以帮她设计标题和窗口小插件来吸引读者，那么你得到回应的可能性就会更大。如果没有写上收件人的称呼（一句简单的"你好"是不够的），或者邮件里有太多段落语法混乱（这种邮件通常会被标注为垃圾邮件），或者邮件读起来通篇都是在自我推销，那么你的邮件通常很快会被删掉。幸运的是，你可以找到很多免费资源来帮你写好邮件。例如 DuctTapeMarketing.com，copyblogger.com，MarieForleo.com 这些网站上就有一些非常不错的资源。

我父亲是一位环境保护类电影制片人和教授。他经常告诉那些想学习如何把好的电影创意推销给制片人或者投资者的学生，推销中最重要的因素是激情。他说："推销从来不易，如果你自己都不相信自己的创意，那你也不可能让别人去相信你的想法。"讲讲关于你如何想出这个创意的过程通常可以传递你的激情。

下面这封邮件是我向一个"个人理财"类博客推销成功的实例：

亲爱的菲尔：

你好！上次我们谈到你的图书出版计划，不知进展得如何了？

这次我想给你介绍一下我最近在做的私人理财服务，如果你有兴趣，也许就此能写一篇高质量的博客，当然，在博文中顺带提一下我，我也就满足了。我最近刚完成了一本帕尔默的规划手册，这本手册以理财为主题，旨在帮助人们应对人生中主要的目标和生活里的突发事件。那么，它有什么与众不同的地方呢？（我觉得你可能会对这部分感兴趣。）它采取创造性的、可视化的方法来理财，能够吸引富于想象的右脑思维者（比如我自己）。整个规划手册包括年度理财计划，债务偿还计划，宝贝养育计划，还有现金理财规划。而且，这些理财规划已经成为我的新书《创收一代》的主要内容，挂在我的 Etsy 商店里，网址是：http://www.etsy.com/shop/

> kspalmer：
>
> 　　这些规划都是基于我的采访整理成的，而且已经帮助采访对象们实现了理财目标。包括：先找出真正的个人目标，然后把目标细分为一个个小模块，最后持续关注这些小模块。
>
> 　　如果你有兴趣，觉得这是博文的好素材，我将感激不尽！我可以给你发一些建议、目录、内容摘录、图书封面或者任何对你有帮助的资料。如果你想看看这本手册，我非常乐意给你寄送电子版！
>
> 　　非常感谢你！
>
> 　　　　　　　　　　　　　　　　　　　　　　　　　　　　　　　金
>
> 　　如你所见，我给菲尔写的这封推广邮件私人化，也解释了我的目标（帮助人们理财），然后简要说明了规划手册包含了哪些内容。他的博客最终给我作了专门介绍，带来了至少几十份的销量。（书后的附录里有我的营销工作表。）

我是怎样推广理财规划手册的

　　最初我的理财规划手册销售乏力，从中我也发现宣传很要紧。如果人们不知道你，也就不会买你的书。我的 Esty 网店在诞生的第一个月几乎不为人知，因此第一个月我只卖出了一笔。每次查看都看不到订单着实有点让人失望，这就像我费心费力开了一个生日派对却无人参加一样。

　　做宣传并不容易，许多副业者都卡在这一步。当然，有些人似乎魔力般就能获得大规模的客户群，包括埃米·斯登格-莫厄特，她被《返璞归真》（*Real Simple*）和其他女性杂志大量报道，还有克里斯·富林，得益于他父亲的熟食店而获得了稳定的客户群。但大多数人的经历和我类似，他们没有任何基础，必须为赢得客户的青睐而努力工作。

第 5 章
将想法付诸实践

当我开始在博客做推广的时候,我主要专注于接触个人理财以及育儿网站,写客座博文,主动给客户赠送规划手册。我给十几个流行的育儿博客发了电子邮件,解释我的宝宝养育计划将如何帮助准妈妈们应对压力巨大的这九个月。随着时间的推移,我学会了更加高效的方式。我需要联系之前没有联系过的广受欢迎的设计类博客吗?他们估计不会回复我的电子邮件,那么住在我附近的妈妈博主呢?她们一定是很好的目标群体。至于我以前在自己的博客中推荐过的理财博客博主们会理我吗?答案几乎毫无疑问是肯定的。

不过,有时候仍然得不到回复,有些时候也会被直接拒绝或仅仅照会我他们不接受博文转载,又或是说我的宝宝养育计划和他们的太类似了。这时,我会尽快删除这些电子邮件并忘记它们的存在,转向下一个目标。有一些好心的博主会告诉我,他们喜欢我写的策划并愿意帮我做宣传。一个非常受欢迎的母婴类博客博主在她的脸谱网主页发布了我的 Etsy 网店链接,这给我带来了几百份的销量和评论。一家个人理财网站看了我的材料并组织了一场赠送活动,另外一家网站则请我为他们的客户写一篇客座博文。随着消息不断传开,一些博主开始给我写信,问他们是否能推荐我的手册、发起赠送会,我总是欣然同意,尽管 Etsy 的论坛上的建议一再提醒我送出的赠品太多了。还有一些博主虽然没有推荐我的手册,但是他们会给我写一些很棒的评论。这些都帮助我建立起了一个更广泛的在线网络。

很快我意识到我最大的成功是与很多网站编辑建立了联系。当我向他们解释我的目标是通过教给人们创造性工具来帮助他们赚更多的钱后,编辑们经常会给我反馈并表示他们愿意推荐我的规划手册。在女性理财网站 dailyworth.com 推荐了我的理财规划手册,婴儿博客 lilsugar.com 重点推荐了我的宝贝养育规划手册以后,我的销售额暴涨。紧随其后,母婴博客论坛

Creativemama.com 和一些其他的个人理财网站也推荐了我的规划手册。因为这些网站关注者众多，甚至在几个月后，还有人继续通过它们访问我的 Etsy 网店，还有一些来自小博客和小网站的访问，我这才发现免费广告的雪球效应。

随着宣传的深入，订单也随之而来。2011 年 11 月，我发布规划手册的当月就卖掉了 33 份理财规划，赚了 438.40 美元，我的 Etsy 小店也获得超过 3400 次的浏览量。几乎所有的访问量都来自脸谱网的链接以及那些愿意推荐我的规划手册的网站。这样的销售一直持续到 12 月份。到当年年底为止，我卖掉了 65 份规划手册，赚了 864.80 美元。有时候，我一觉醒来就会收到三四个订单，它们是在我睡着的时候下的单。

随着我开始对客户的行动有所反馈，销售额继续上涨。我注意到一些客户一次不只购买一份规划手册，于是我制作了"理财规划工具箱"，给复合型规划提供折扣。我的"理财规划百宝箱"由三个计划组成，也成为我最畅销的产品。"2012 年度理财规划手册"的想法来自于我的一个客户，同时也是 Etsy 卖家。她告诉我说她想要一种时间表，这样她就可以随着时间变化，在一年中采取不同的理财规划。我很快又增加了更多"理财工具箱"组合，包括针对户主和初为父母的客户的"理财规划百宝箱"。我也很快意识到 PDF 版本的理财规划手册销售量远远超过了螺旋装订的印刷版本。所以最初的印刷版本存货全部卖出后，我没有再添置新的。因为客户想要的是一种简单的目标提示单，最好能放在他们的办公桌上，于是我和设计师一起设计了一个仅有一页纸的"理财目标"规划表，在上面可以填写具体目标、面临的挑战以及行动步骤。

到 2 月底，我已经售出了价值超过 1200 美元的理财规划。我注意到，浏览店铺的人数与我的收入之间有一种明显的相关性：我的订单数似乎总是在总浏览数的 10% 左右波动。这意味着假如我做更多的宣传，会赚到更多。做市

第 5 章
将想法付诸实践

场营销很耗时，所以尽管我每个月都会选几家网站或博客进行宣传，仍然很难保证发行当月的流量能够增加。当我的营销成果逐渐冷却，销售额逐渐保持在每月 200 美元左右。

曾经挣来的外快很令人欣喜，也帮了大忙，但都没有 Etsy 小店给我带来如此大的满足感。每一次销售都肯定了我创造有价值事物的能力，而在经济衰退时期，自由职业的从业率骤跌，写作机会枯竭，我曾怀疑过我是否拥有创造额外收入的技能。现在我有了一个新的身份，我设计和销售理财规划手册。我开始幻想向所有的领域扩张，设计新的产品。也许我可以结合规划手册提供指导课程，我也可以设计一个职业转型规划手册，一个"全职妈妈工作"规划手册，也许还有"吃得好，花得少"的规划手册。假如有一天我的实体店开张了，还能为人们提供填写规划和进行头脑风暴的活动空间。我将会把店开在咖啡吧的旁边并提供一对一指导课程。

我在 Esty 小店里创建了一个新栏目，提供"个性化"的理财规划设计服务。其中包括如何达成具体财务目标的咨询服务。几个月后，我达成了第一份个性化的理财规划设计服务，售价 60 美元，并积累了理财课程的教学经验，而我很喜欢从事这个行业。

当我的 Etsy 小店逐步成长，我也不断推广自己成为一名现场讨论活动的主持人。在我的网站上，我增加了一些金融研讨会和参加的一些讲座的文章，比如"如何成为一位金融'明星'"。我还会附上一些讲座的照片和最近的讲座时间表。在读过罗宾·费歇尔·罗菲（Robin Fisher Roffer）的畅销书《出名》(*Make a Name for Yourself*) 以后，我更加清楚地定义了自己的职业目标——引导人们达成财务目标。我在网站上突出强调了这个主题。每当我与其他个人理财的作家和演说家聊天时，我都会尽可能地提到我的新关注点。于是，有些

斜杠创业家

人向我发出了演讲邀请。我也向杂志社的编辑表示自己期望更多的自由撰稿工作,于是,获得了更多的撰稿邀请。

很快,我就忙得不知所措。陪伴女儿、工作、整理家事,还有我的副业,都需要花费时间,我觉得我一直在冲刺,尽管那时我真正想要的是一种马拉松式的慢跑节奏。(午睡很短暂,要洗衣服,还要照顾我的丈夫。)我需要更多的时间,为了自己、家人以及我的工作,我必须想想该如何改善我的时间管理。

给副业者的最强指导

- 建立一个社会化的营销渠道以反映你所能提供和想提供的服务,这是寻找用户的关键一步。
- 掌握熟练的营销技巧向潜在的客户和相关博客的博主推广自己和产品。这一点必不可少,能够帮助你宣传自己的事业,同时也能获得有报酬的演讲机会。
- 对于具有高度针对性的行业,熟人网络及介绍比社交媒体更加重要。

06

TIME IS MONEY | 时间就是金钱

那是艳丽的初夏，一个24摄氏度的日子。我没有利用午休去呼吸一下新鲜空气，而是去了华盛顿特区市中心一个又热又臭的室内停车场。杰西·巴登-坎贝尔（Jessi Baden-Campbell）白天的工作是帮一个咨询公司做会议策划，中午她利用午休彩排即将在首都艺术节上演的歌剧，这个艺术节是当地的一个艺术庆典。杰西是一名专业的歌剧演员，她邀请我去观看她的彩排表演，让我看看她是如何在做好自己的本职工作的同时也能出色完成兼职的歌唱事业，除此之外，她还能照看好两个不到五岁的孩子。

当我们沿着楼梯下到停车场底层，杰西向我解释她必须一直走到尽头最底层，避免打扰到大厅的人们。她的声音铿锵有力，高亢激昂，甚至能够穿透水泥混凝土的三层楼梯。她每周练习三次，停车场的服务人员已经开始每周期待她的午餐时间音乐会了。

她拿出乐谱活页夹、苹果手机和水放在旁边的车上，按了几下手机钢琴软件上的音键，找找正确的调子。做了一些发声练习后，她开始唱起了瓦格纳。

声音真是不可思议的好,她的声音通过停车场的墙壁反射回来,产生了动人的回音。闭上眼睛,似乎已经身处维也纳歌剧院,尽管这停车场偶有蟑螂出没,并散发着难闻的汽车尾气。

杰西演唱完瓦格纳的歌曲热完身后,便开始了即将在首都艺术节表演的英文歌曲的练习。她给自己打手势,心里默念着给自己的提示。当她唱到气息不足的地方,她会提醒自己:"这里不要呼吸。"接受了她铿锵有力的声音,我漫步车库坡道,想试试停车场的服务人员在车库较高的位置听到的演唱是什么效果。她的声音回荡在车库的每一个拐角,最后在靠近车库顶端的地方,我听着她的声音,感觉就像希腊神话中的海上女妖塞壬,用美妙的歌声引诱海员接近岩石直到触礁沉没。事实上,办公室的职员也会隐隐约约听到她的歌声,然后便会循着声音而去,看看发生了什么。

杰西刚满 40 岁,很想专注歌剧事业,她常常需要花那么几周的时间,将一切抛诸脑后去彩排和演出。然而这种生活方式对于一位妈妈来说并不容易。她也发现,作为一名歌剧演员,想要获得稳定的收入几乎是不可能的,尤其是在经济衰退期艺术资金投入萎缩的时候。在她有小孩之前,她会义无反顾地去承担这些风险,接受各种自由表演。她曾为了在安克雷奇歌剧院的四个月的表演,搬去阿拉斯加州的安克雷奇市,也曾在得梅因地铁歌剧院和美国里诺的内华达歌剧院表演过。她曾在国家级刊物上好评如潮。《美国华盛顿邮报》(*Washington Post*) 曾赞誉她"声如洪钟,举止威仪"。

直到女儿降生,她转移了生活的重心。"你不能让年幼的孩子吃了上顿没下顿,也不能让他们过得不舒服,因此我找了一份全职工作。"她说。她将演唱事业放在了次要的位置,作为一名会议策划员一周工作 40 小时。她在地方教会找到一份稳定的副业,只需要每周四晚上彩排、周六上午表演。这份副业

第 6 章
时间就是金钱

可以给她带来每年 10000 美元的收入。每到大节期，她还为当地的犹太教堂演唱，这需要数月的准备并演唱整整四天。这份工作又为她带来每年 5000 美元的收入。她还为一些婚礼活动献唱，一次能够有 500 美元的收入。其他的一些工作或是表演活动，杰西通常是在假期中完成，工作三四天能有 800 美元的收入，当然并不算彩排的时间。为了找到可能的工作机会，她与继续从事舞台艺术的朋友们保持联系，偶尔也会在婚礼交流板上留下信息。

杰西和她的丈夫用她的歌唱收入支付家庭的日常开销，例如用于他们位于弗吉尼亚州福尔斯彻奇的房子的新窗户，储蓄起来用于孩子的教育基金以及他们的退休基金。因为他们居住在物价较高的城市，并且还有两个孩子，这些收入对他们家庭的财务安全来说非常重要。

四十分钟的声带练习后，杰西便会到附近的流动餐车买午饭，回办公室在午休结束前吃完。当我们爬上三层楼梯往回走，杰西说她下个月开始下班后还要为首都艺术节的表演彩排，每晚 6 点到 9 点。我问她："你是怎么样处理这么多事情的呢？尤其你还是一位妈妈。"每晚的这个时间段就像是育儿时间，通常用来晚餐、沐浴和读书的。

她承认要协调时间很难。"有时我回到家，累到想哭。"压力很大，她常常因为没能花更多的时间陪伴儿子和女儿而自责。杰西邀请她的婆婆住在一起，这样当杰西有突然的表演工作或者需要彩排到很晚的时候，婆婆就可以照料家里。在教会的工作占据了她许多周末的时间，并且职场工作和表演活动也使她假期很少。最近一个星期天，她每天都 7 点起床去为教会唱歌，一直唱到 10 点半，然后开一个小时车去为一个婚礼演唱。

但是当她向我解释为何她要这么忙碌时，她的声音由沮丧变得激动。"我不想因为放弃艺术梦想而变得痛苦，"她说，"我答应自己要成为一名艺术家，我也答应了我的家庭。为了要陪伴他们，要给他们财务支持，同时也要不断为自己鼓劲，作为一名艺术家不断进步，我必须合理规划时间。"她知道她的孩子会理解她，也会支持她。她拿出手机向给我看一段视频录像，上面是她四岁的女儿，说她长大也想跟妈妈一样成为歌唱家。杰西用她的亲身经历为孩子上了宝贵的一课。

利用好白天的工作

全职工作和副业工作都能出色完成的秘诀在于，通过光明正大的、道德的方式，找到能够将两份工作联系起来的纽带。也就是说，你的老板知道你在干什么并对此感到高兴，因为这种做法可以带来双赢，你的老板也可以获得相关的荣誉或利益。（当然，与你的老板分享信息的多少，完全取决于你所处的办公室文化，因公司而异。在从事你副业之前，你要敏锐地感知到你所在的公司如何看待副业工作。接下来我会举一些例子，有各种可能的情况。）

但这并不表明建立副业很容易，即使这份副业与全职工作相关。我采访过的绝大多数副业者，都要非常努力才能应付得了多重责任。因为工作变得越来越不稳定，工作的要求也越来越高。美国人力资源管理协会 2011 年的一份调查表明，当工作增加，雇主会让现在的员工去做，而不是雇用更多的员工。几乎有四分之一的小时工表示，与以前相比，他们现在工作时间增加了。事实上，很多副业者会做一些高难度的工作，每周都要工作 50 个小时甚至更长时间。但是他们还是能出色地完成兼职事业，因为他们能够利用全职工作的杠杆效应来促进副业工作。

詹妮弗·蒂茨（Jennifer Teates）是美国马里兰州安纳波利斯市的一名法律

第 6 章
时间就是金钱

事务所经理，正是这份工作中处理收款和破产事务的经历让她能够转而做起文书的副业。詹妮弗说："有许多人打电话来咨询，他们不知道怎么写基本信息，而在我看来这些信息都是些常识。"例如需要透露多少个人信息给你的债权人，比如你在哪里工作，你在哪里储蓄。

詹妮弗现在 35 岁左右，她相信自己可以通过共享债务清算和破产方面的信息帮助别人，于是开始在雅虎财经板块上撰写文章，然后通过网站联系当地的编辑，申请为网站写个人财经专栏。通过申请程序后，编辑雇用了她，她也迅速开始为投资网站写文章。全职工作为她提供了故事素材和专业技能，有助于她展开副业工作。

为了完成专栏的写作，她早晨 5 点半就起床，比她孩子的起床时间提早两个小时。通过这种方式，在去办公室（或在家远程办公）前，她每天可以抽出两个小时来写作。但是，这也让她的休息时间减少了，每天只能睡大约六七个小时。詹妮弗说这点睡眠时间足够了。她坚称自己不是 A 型人格，不适合晚上从晚餐开始休息。

詹妮弗的时间表需要好好进行计划，但是她说现在的生活正是自己想要的。不仅能够享受写作，而且写作还能为她带来收益。她说："如果发生了什么事，例如我供职的律师事务所倒闭了，我也有自由撰稿这条退路。现在，我只想先存点钱。"她准备继续发展写作事业，她正在筹备写一本戏剧性的财务计划书。

她还没有离开律师事务所的计划，即使写作事业已经腾飞。她说："我的许多写作灵感来自于律师事务所，放弃这些信息资源是非常愚蠢的行为。"

杰弗里·纳什（Jeffrey Nash）的情况类似。杰弗里发明了一种新型婴儿学步车。2011 年夏天，我的孩子正到了学走路跑步的时候，我收到杰弗里的邮件，他说他找到了教小孩走路的最佳办法，他描述这种新型婴儿学步车是"零危险的轮式婴儿学步车"。作为一名惶恐的新手家长，我马上竖起了耳朵，任何能够为宝宝增加安全性的东西都能引起我的注意（当然常常也会花费我的钱）。

当我打电话给杰弗里问他产品的详细介绍，发现他是利用业余时间发明出这个婴儿学步车的，他还拥有一份全职工作：西装店职员。杰弗里已经接近50岁了，一直在拉斯维加斯的一间男装店从事销售工作。有一天，他发现自己遭遇了减薪以及来自年轻人的竞争。虽然他喜欢自己的工作，也对自己能够使顾客满意的本领感到骄傲，但他知道某一天自己就可能失去工作。

一天，他看到一位母亲正带着她的孩子学走路，忽然产生了一个主意：不如发明一种新型的婴儿学步车，让父母在教小孩学走路时就可以不用弯下腰，这样也避免了损伤腰部。杰弗里在销售工作中积累了很多人脉，通过一位朋友，他知道了如何取得专利以及如何根据样品大量生产。当有小孩的妈妈们在男装店购买男子晚礼服时，杰弗里就会拿出他发明的学步车样品给妈妈们试用，然后根据妈妈们的反馈意见对学步车进行调适。每次遇到儿科医师或医生顾客，杰弗里便会请求他们帮忙推荐。从事营销的顾客帮他联系了当地的新闻制作人，获得了电视节目中的推荐。他的工作看似与他的副业完全无关，实际上却提供了宣传自己产品的人脉。"我跟每个人展示产品，看看她们的想法如何。这对我有很大的帮助。"他说。他还说主管并不介意他做副业，因为他没有因此懈怠本职工作。

男装店给了杰弗里三周的长假，在此期间他通过婴儿产品发布会推广了这款新型婴儿学步车，还联系网上零售店和婴儿商店，向他们宣传这款新型学步车。"只要能够多让一个人知道，我都会去努力。"他这样解释自己的推广技巧。在三周长假期间，他售出了价值12000美元的学步车，这只是开头。这款新型学步车在受到《今日秀》（*Today Show*）的介绍后一炮而红，预计可以带

第 6 章
时间就是金钱

给杰弗里 250000 美元的年销售额，第二年甚至会翻倍。他最终放弃了男装店的工作，现在作为总裁全职经营自己的公司，但这很大程度还是得益于他之前的工作带来的顾客资源。杰弗里说："如果我没有迈出这一步，今后十年里的某一天，我可能会成为无家可归的人。"他迈出了这一步，于是他由年薪 65000 美元的男装店销售员成为一家迅速成长的企业的老板。

埃博妮·厄特利（Ebony Utley）是加州州立大学长滩分校传播学系的副教授，她同样结合全职工作的优势在业余时间赚外快。2009 年，加州州立大学教师工会批准了更多的假期，她发现自己已有了多余的时间，正好可以用来赚取额外的收入。因为每月多休假两天意味着所有教职员工减薪 10%，埃博妮也不例外。"我下定决心，用另一种方式把这些钱赚回来。"埃博妮回忆说。这时她已经找到了第二职业，包含了演讲、写作和管理她自己的网站。她说："教学很棒，但除了课堂上的学生，我想有更广泛的听众。"

埃博妮利用在流行文化、种族和恋爱关系方面的学术专长成为这些话题领域的专家。她给学术界的朋友和同事发送邮件寻找兼职的契机，开始去不同的大学做客座讲座。演讲主题包括宗教在说唱音乐中的作用，嘻哈音乐中的性别歧视和流行文化描绘的黑人妇女生活与现实的比较。她在代顿大学做了一场生动的演讲，她探究了嘻哈天王坎耶·韦斯特（Kanye West）的前女友、维兹·卡利法（Wiz Khalifa）的现任女友艾波·罗斯（Amber Rose）如何利用自己的恋爱生活使自己成为一名职业歌手和模特。埃博妮继续提出嘻哈一代继承了民权运动一代的传奇，他们赞美美国黑人文化，团结不同种族和族群。

差不多在同时，埃博妮开始为 Ms.Magazine, Religion Dispatches 和 Truthdig.com 这些流行网站写博客，话题涵盖玛丽娅·施瑞弗尔（Maria Shriver）离婚到和异族男子约会。她还写了自己的第一本书《说唱和宗教：理解黑帮的上帝》（*Rap and Religion: Understanding the Gangsta's God*）。她在封面上的作者照片里，穿得像个饶舌歌手，白色毛外衣、深色口红，还戴着一只巨大的金耳环。晃眼一看，很像蕾哈娜（Rihanna）。

为了保持本职工作与副业的平衡，埃博妮实行了严格的写作时间表：早晨起床的第一件事就是工作。她说："起床、喝茶，然后就开始写稿。"即使学校没有排课，她的朋友也都知道中午之前不要找她。她说："我学着严格地保证写作时间。"她定好两个小时，要求自己每次写作至少保持这么长的时间，但常常要超时工作好几个小时。埃博妮在 Excel 电子表格里做了记录，记录每次写作花去的时间，这样她就可以看到自己的进步，也便于计算完成各项工作分别需要的时间，如写文章需要多长时间，写博客又需要多长时间。"通过这种方式我了解到，如果我完成某项工作需要 24 个小时，我可以放在春假或者暑假去做。可以说，记录表改变了我的生活。"她总结说。

埃博妮还与她口中的"问责伙伴"或在类似领域的朋友协同工作，他们能够帮助她保持正轨，相对地，她也能帮助别人。他们谈论各自的项目，规定最后期限，也指出进步，他们也经常交换工作草案。"写作常常是孤独的，但是有了伙伴和回馈让我的工作更加有力。"她说。每天回家后也会有一些休息时间，她观看喜欢的电视节目，比如《年轻和躁动不安的一族》（*The Young and the Restless*）。

就像詹妮弗和杰弗里一样，埃博妮的秘诀是用自己的全职工作来促进第二事业的发展。"我开设了更多的课程，它们都能有利于我作为公共知识分子的工作。我设计了系里的第一个嘻哈文化课程，还设计了一个流行文化课程，这些课程中讲授的内容，也能够写入博客或是用来做演讲。我的学生了解我做的工作之后，课堂气氛也变得更加活跃。"她说。如果她的工作不能彼此促进，

第6章
时间就是金钱

她根本不可能一个学期开设四门课程，同时还要进行演讲和写作。

将全职工作和副业工作结合起来有时并不会那么顺利。对梅利莎·范·奥曼（Melissa Van Orman）来说就是这样，她经历了纷争，但是最终人生发生了重大的转折。最开始，她过着典型的零工生活。早上很早起床，经常天还没亮，早上8点或更早，就开始她的健康咨询工作。她每周至少工作40个小时才够生活，这意味着每日里都充斥着会议和电话。然后，下午5点她会出门去瑜伽工作室上班，给下班的上班族上晚上的瑜伽课。通常她要到晚上9点后才能离开工作室，回到家已经筋疲力尽。"体力上和智力上都要保持最佳状态，我真的没办法做到。"梅利莎已近40岁。

在她丈夫的激励下，梅利莎最终放弃了健康咨询工作，开始做另一种副业：每天带两个班进行全职瑜伽教学，其余时间在乔治华盛顿大学兼职教营养与健康课程。"经济衰退后，我的薪水减少了50000美元，但这是我做过的最好的决定。"梅利莎说。新的时间表让她有充足的时间完成瑜伽课程教学和顾客咨询，白天也有时间做一些准备工作，不用将所有事情都堆到晚上来做。她最近还找了一份额外的自由职业——为疾病控制中心写养生类的文章。她之前在疾病控制中心工作过，这份工作又弥补了一部分收入损失。梅利莎还发现，不再做办公室工作后，她的开销也少了很多：午饭可以自己做，也可以少买些衣服和鞋子，打车费和外卖费也减少了很多。她说："非传统的工作方式真正解放了我们。"

她说她现在之所以可以马上处理这么多不同的工作，主要是因为各种事情都契合在一起，彼此联系：她在瑜伽工作室的教学经验使她成为一名更加专业的老师，她对瑜伽的学习也有助于她成为一名营养专家。（除了瑜伽教学之外，梅利莎还取得了健康领域的硕士学位。）在此之前，她曾因为瑜伽教学和咨询工作不能协调而产生了很大的压力："我看到同事们发表论文、做演讲，自己却每周要花 20 小时的兼职瑜伽教学，感觉自己什么事情都只能做一半。"

现在，梅利莎灵活的工作时间使她不仅可以完成所有事情，并且每天都能保持轻松愉快的心情。通常她一周工作七天，常常早上 5 点就要开始工作，这样六点才能赶得上个人瑜伽教学课程，中午回家悠闲地吃个午饭。午后她就去大学为本科生教授营养课程，或者在家自由写作。（从她的公寓到瑜伽工作室和大学都可以步行到达。）晚上的瑜伽课程大概 6 点开始，9 点结束。她的丈夫是政府公务员，下班后也会来听梅利莎晚上的瑜伽课，所以晚上的时间她可以和丈夫一起度过。她说："可能一周工作七天听起来让人很疲惫，但实际上我每天下午都有三个小时的休息时间，我可以去遛狗或逛逛超市。别人下班的时候我则开始上班，所以一周七天其实也很轻松。如果早上因为要见客户起早了，下午我会小憩二十分钟。"如果说有什么损失的话，那就是每晚看电视和做晚饭的时间，但她甘之如饴。

异性相吸

当一份副业工作无法完全替代全职工作时，常常有其他方式来让正职和副业优势互补。二十几岁的尼古拉斯·伊格纳西奥（Nicholas Ignacio）将他草坪护理业务的成功归因于他是一名全日制大学生。正是这个因素让客户愿意雇佣他、相信他，并给他支付还不错的薪水。他说每个人都想支持当地的大学生。

尼古拉斯·伊格纳西奥是弗吉尼亚阿灵顿玛丽蒙特大学的一名刑事司法专业的学生，他和朋友决定一起开一家清洁公司。当他们去市政厅注册时，想到了用"大学生草坪护理"作为公司的名字，这个名字就这样划定了他们的业务

第 6 章
时间就是金钱

范围。他们最初的客户都是从克雷格列表网站上找来的,或是从别人那里得知。

仅仅过去几个月,公司就达到了每周三到四天的业务预定。为了满足客户需求,尼古拉斯雇用了其他值得信赖的大学同学,自己则去见顾客、做预算,处理各类行政事务。他也负责发展新客户,例如银行、房产经纪人和贸易公司。不过他也说:"我仍以学习为重。"这也是为什么草坪护理工作只在他没有课的时候进行。他的收入足以支付生活花销。这份工作支撑了他的大学生活,他的大学生身份也使他找到了很多雇佣者。

其他还有一些副业者的故事同样令人印象深刻——像杰西的歌剧演唱——主管和同事都很乐于帮助她,在她需要时允许她能够做出更为灵活的时间安排。他们以这种副业为荣,也感激她的副业为办公室带来的额外的艺术氛围。至少他们不认为副业工作对全职工作是种威胁。

阿莉莎·威廉姆斯也是这样,她曾有机会代表美国参与 2012 年伦敦奥林匹克运动会 5000 米、10000 米和马拉松长跑比赛。(也许你曾在赛道上看到过这个金发碧眼、扎着马尾辫的姑娘。)阿莉莎的全职工作是美国丹佛市一家能源公司的注册会计师,她的主管和同事听到她的比赛都会很激动。在俄勒冈州尤金市比赛前,同事们还为她举办了派对,用美国标志和小彩旗装饰了她的办公桌。虽然她还没有决定去伦敦(她 10000 米跑到达的第 50 个城市)参加比赛,同事们依然为办公室有一个奥林匹克运动会级别的运动员而骄傲。

通过周详地计划和日程管理,阿莉莎避免了长跑和本职工作的冲突,也从未让自己对会计工作掉以轻心。这并不容易,和阿莉莎同样级别的许多运动员,往往只做一些兼职工作,甚至将全部时间献身运动。

阿莉莎在大学毕业后参加了一个奥林匹克发展项目,与此同时她开始了会计职业,她并没有调整以往的心态。她说:"我只是把自己看作一个慢跑者。"

斜杠创业家

她继续发展自己的事业，为注册会计师考试学习，考执照，一周在办公室工作 60 个小时。运动方面，最差纪录是在 2007 年，就在报税季节结束后，5 公里赛创下（自己的）最慢纪录。"我的丈夫来看了我的比赛，他的表情就像在说，'你真的尽力了吗？'那时我真的觉得同时跑步和全职注册会计师真的很难。你必须尽全力，做到最好。"

从那时起，她决定认真起来。她尝试为 2008 年奥运会备战，但这个想法并没有持续很久，并且随后她发现自己缺铁。她加入了新的训练队"美国距离工程"，遇到了新的教练，这是一个专门训练美国长跑运动员的非营利性的组织。她的会计师工作也变得更加稳定，每周只需要工作 40~50 个小时，而不再是 60 小时以上。尽管她强调自己的首要任务是会计工作，但也说日程安排允许她进行一些晨跑锻炼。她通常会在 5 点半到 6 点钟之间起床，喝点茶，吃些小零食，然后就和丈夫带着宠物狗一起出门晨跑。一周中有四天被她称为"放松日"，她会在早上沿着赛道跑 10 公里，完成 8~9 小时的工作之后，晚上再跑 3~5 公里。其他时候，她会做些高强度的训练，包括 3 公里热身，接着是一组 400 米的短跑训练，然后是 2 公里的缓和恢复时间。晚上她还会再跑 4 公里加游泳。她将 18 公里长跑和下午游泳的训练放在了周日。

为了保持体力，阿莉莎吃了相当多的水果、蔬菜、蛋白质和冰沙。她和丈夫在晨跑过后，都会来一杯混合了菠菜、希腊酸奶和蛋白粉的冰沙。夜跑之后的一些晚上，她会吃一根杏仁味的巧克力棒。她尽量保持晚上 9 点钟上床睡觉。

如果跑步计划和工作时间冲突，她会尽力提前完成工作。她说道："拖拉对我来说是件奢侈的事情。"她将跑步计划放在办公日历中，这样同事就能提前了解她的行程安排（她还用休假时间来跑步训练）。

没有会计的工作，阿莉莎可能会像许多其他奥林匹克候选运动员一样，在

第 6 章
时间就是金钱

痛失比赛资格后，因失望而崩溃，为人生的下一步感到困惑。在 2012 年奥林匹克运动会结束后不久，《华盛顿邮报》就刊登了那些接近成功最终却失败了的运动员的失落感。只有极少数奥林匹克训练者能够晋级成为这项夏季盛会的 530 名参赛者。这一问题也引起了美国奥林匹克委员会的注意，于是现在他们为运动员就业安置提供帮助，比如职业培训和简历咨询。

像阿莉莎这样除了运动员身份还有其他职业的运动员，就不需要依靠委员会的援助。她说："如果我不得不依靠跑步带来收入，生活会变得很艰难。我也不用承担全职运动员承受的额外压力。他们需要尽全力养活自己。"不过，她跑步几年带来的收益确实给她带来了财务保障。这些收入主要是来自赞助商——博尔德跑步公司、阿迪达斯和能量棒公司都赞助了阿莉莎，也有来自比赛的奖金。和阿莉莎交谈后，我发现其他运动员也有跟阿莉莎一样的，追求全职工作的同时不忘他们的奥运梦。全职工作在他们训练前后都提供了经济支持。娜塔莉·戴尔（Natalie Dell）是退伍军人事务部门的一名卫生保健人员，在伦敦赛艇运动会上获得了团体铜牌。铁人三项选手格温·乔根森（Gwen Jorgensen）是安永会计师事务所的一名税务会计。

现在，阿莉莎已经在为 2016 年巴西里约热内卢的夏季奥林匹克运动会做准备了。在这之后，她准备继续两手抓她的会计工作和跑步事业。她说："我不想就此停步，跑步是我非常喜欢的一项运动。"

科琳娜·德兰尼（Corinne Delaney）也发现，即使她古典乐歌手的兼职与全职工作——平面造型设计和政府承办商培训专员并不直接相关，雇主仍然认为这是她的一项优势，甚至偶尔在公司活动中运用她的这项优势。她在简历上强调自己是一名古典乐歌手，而雇主在求职面试中也问到过这一项。她说："古典乐的演唱与纪律密切相关，演唱古典乐显示了我严格注意细节的特质。"

斜杠创业家

科琳娜现在35岁左右,在她的职业生涯初期,她在美国货运协会做实习生,那里的同事让她在老板的生日聚会上唱《丹尼少年》(*Danny Boy*)。不久之后,她就频繁收到同事们的表演邀请。不仅主管对她的才华非常欣赏,而且她开始在周末做起唱歌兼职,她的表演给她赢得了很多新客户。

现在,作为加州分析中心(California Analysis Center Inc., CACI)这家大政府承包商的一名全职雇员,她每月要为婚礼和社区活动表演一次。虽然科琳娜表示自己是为了追求"纯粹的快乐"而表演,同时也很乐于为慈善团体贡献才华,但是她也能从中定期获得表演酬劳,有数百美元或更多,这些酬劳取决于长度和地点。她的声音有力而清澈,听众在她的歌声里徜徉。她演唱的《飞越彩虹》(*Somewhere Over the Rainbow*)综合了现代和传统的感觉。科琳娜从14岁起就接受声乐培训,除了表演之外,她还收几个学生讲课,并计划着出唱片。现在她正在用全职工作——平面设计师和培训分析师——的技能开发一个网站,促进歌唱事业的进一步发展。

斯蒂芬妮·西欧多尔(Stephanie Theodore)的第二职业对她的全职工作来说也有类似的魅力,即使两者的领域毫不相关。白天,她是纽约一家金融公司的部门经理。周末,她经营位于布鲁克林区的西欧多尔艺术画廊。斯蒂芬妮五十出头,常常在晚上会见朋友,帮助艺术家购买器材,通过邮件通讯或新闻稿发布即将举行的展览信息。她的全职工作一周大约需要45小时的全情投入,虽然她也在工作间隙发些邮件或推特。

她的上司很清楚她的艺术世界,他们之间常常开玩笑说经理工作才是她的兼职。她的强项是做年度审核,组织和平衡能力之强是公认的。"我在全职工作中装艺术家,在艺术世界中又是一个实用者。"获得了艺术史硕士学位的斯蒂芬妮如是说。

第 6 章
时间就是金钱

她坚持严格的日程表，避免两项工作可能出现的冲突。白天在办公室工作，周末跟宠物狗一起早起——也就是差不多 5 点半的时候。带着狗散步购物，然后从皇后区的公寓骑自行车去艺术画廊。她说："整个过程我都能悠闲地享受。"她的画廊星期五到星期天下午 1 点到 6 点（这也是她待在画廊的时间）向参观者开放。

她也会跳过一些她认为不重要的事情。她不会花时间做指甲或做足疗，避免看电视，也不会花太多时间弄头发。她说："我的脚不太好看，但我并不介意。如果你一直关注我的脚，就没法去看挂在墙上的艺术品，也没法听到我讲的话。"

斯蒂芬妮还说："我一直过着这样的双重生活。"她也补充说自己不想改变这样的状态。她从办公室工作中获得经济来源，又通过经营自己的事业获得创造性的满足。从某种程度上来说，她是在追随她父亲的脚步。她的父亲从事广告业，但会花中午两小时的午餐时间去现代艺术博物馆看艺术展。"我们都是艺术家，我们都做着自己想做的事，当然我们也要为此付出代价。"她说。

将无关的（或看似冲突的）事业结合起来

当两种追求完全无关，要想同时完成好两件事就需要更多的创造力，并且要严格遵守法律和道德准则。但是，即使是善于玩零和博弈的副业者也很难找到好的方法来解决这个问题。

马丁·科迪（Martin Cody）是一家医疗软件公司销售部副主席，他在家上班，同时也是"地窖天使"公司的创始人。"地窖天使"是一家在线红酒销售公司，他们会将部分营业收入捐给顾客选择的慈善机构，运行效率非常高。事实上，他在答应给我讲述他的故事之前问了我一系列问题，例如我准备问他什么以及谈话后我希望得到什么。每晚他都会写下第二天必须完成的五件事。他说："通常我的待办清单包括三四十项，但其中五项是最关键的。"全职工作和红酒工作必做的五件事他会分别列出来，而且他还在床边准备了标准信笺纸，以便记录晚上的突发奇想。

马丁现年45岁左右，住在芝加哥。在他家办公桌上有两台电脑，一台处理全职的销售工作，另一台处理私人的红酒工作，每天他都要回复和两份工作相关的邮件和相关业务。早上4点半到5点他就开始了一天的工作，下午5点销售工作结束，加利福尼亚的红酒工作仍在继续，因此下午5点开始他会打电话联系红酒生意。他一周要工作70个小时甚至更多，但他仍然会抽时间去密歇根湖散步，拜访一些农贸市场，当然，还会喝一点葡萄酒。

马丁做红酒生意的主意开始于2008年经济衰退期间，也就是在那期间高朋团购网创立。他想弄清楚葡萄酒商店如何参与团购优惠活动。他说："和其他商人可以随时变换折扣不同，一个酒庄一年只有一个产品，红酒商不能这样打折。"因为他的妻子在芝加哥经营红酒店，所以他对整个产业都非常熟悉。

"地窖天使"在长达一周的时间内，为加利福尼亚地区的小型酒庄和网站会员提供了折扣价（为了不伤害酒的价值，并没有提供给普通大众折扣价），并且允许顾客贡献一部分销售收入给某个慈善机构。"它就像一道闪电击中了我：如何在满足慈善机构需求的同时提高红酒的曝光率，以及解决消费者对那些小型酒庄的红酒购买渠道的不信任？"这就是"地窖天使"发展的初衷，它之所以能够迅速发展起来，与莉扎之家（Leeza's Place）和莉扎·吉邦斯（Leeza Gibbons）公司的创始人合作，为家庭医护护理者协会、"拯救下一代"慈善基金、珍妮·麦卡锡自闭症患者协会等慈善组织提供了很多帮助。

第 6 章
时间就是金钱

马丁在完成自己的本职医药销售之外，还计划进一步发展红酒项目，但是因为这两项工作毫无关联，所以他干脆将两份工作完全区分开，就像他办公桌上的两台电脑一样：两台不同的电脑，分别处理两份不同的工作。事实上，他在医药销售公司的老板并不知道他的红酒工作。他解释道："我并没有刻意隐瞒什么，但是也不想主动透露。"现在来看，这样的安排似乎在目前来说是最好的，起码到现在为止两项工作都运转得很顺利。

黛娜·丽莎·杨（Dana Lisa Young）刚满 40 岁，是一位来自亚特兰大的网站内容管理员，她也处在同样的极端情况。一方面她要每周办公 40 个小时，另一方面她还在一个新兴的保健行业工作，为客户提供灵气疗法、反射疗法和人生指导。这两份工作正如酒和药品销售一样有天壤之别。内容管理员的工作主要是在办公桌上开发公司的内网和外网，同时负责编辑和传播内容。保健工作包括一对一的客户服务，为客户治疗，帮助他们恢复并保持健康。她的保健工作主要集中在周末和下班后，因为顾客主要在这些时间才有空，所以很少和她的内容管理员工作发生冲突。她的雇主知道她在外兼职，他们也知道她不会在工作时间处理兼职事宜，而且这份兼职和她的本职工作并没有利益冲突。当黛娜为一个接受证券交易委员会监管的专业服务公司工作时，这个界限更为重要。她必须将她的商业信息上报给一个年度更新的数据库。

"公司的环境和保健行业是两个不同的世界。"黛娜说。这种分歧在她直接从办公室去见保健业务的顾客时甚至会引发某种文化冲击。在副业工作的初期，她和前面提到的瑜伽老师梅利莎一样没日没夜地工作，几乎不休假，最后筋疲力尽。最终她也和梅利莎一样，决心重新制定日程安排，以便留出更多的空闲时间。她从一名全职的内容管理员变成了一名合同工，这让她能在家里工作，同时工作时间也减少了。这样她可以将更多的精力投入保健行业，同时也

THE ECONOMY OF YOU
斜杠创业家

有时间和孩子一起参加学校组织的活动。

黛娜依然在晚上和周末为保健客户服务，因为这些时间她的丈夫比较空闲可以照看孩子，白天则处理她的内容管理员工作。这种生活和工作方式使她有了零星的时间去做家务、写博客、发推特，或是在脸谱网宣传她的保健公司。她将要做的事都写在谷歌日历上，区分了用于工作和家庭的时间。孩子睡觉后，她通常还要回到电脑前工作。早起后她还经常冥思，来确保每天都能得到休息。

虽然黛娜现在赚得比以前少了，但正如梅利莎所说，这样的取舍是值得的，因为它带来了更多的灵活性。"我非常反感说必须投入120%的时间用于工作，即使他们也常说工作和生活同样重要。我只是有时候感觉，这种生活方式并不适合我。"她说道。

一些人任凭全职和副业工作之间的压力积累，直到爆炸。著名小说家杰佛瑞·尤金尼德斯（Jeffrey Eugenides）在他的职业生涯初期曾为一个诗歌组织做执行秘书，他曾偷偷在办公时间写作小说《处女之死》(The Virgin Suicides)。《纽约》杂志曾报道说他为了避免被注意到，故意将小说写在办公信纸上，但是这并没有起到什么作用，老板发现后立刻解雇了他。对于喜欢并依靠全职工作的副业者来说，这真是个最糟糕的结局。但这是可以避免的，即使是两份工作不能相互融合，也可以想办法在非工作时间挤出时间做兼职。

传统的思维方式是如果你想在全职工作之外干点其他什么事情，必须保持敏锐，同时要对此保密，就像马丁·科迪一样。我甚至在我的第一本书《创收一代》中提到了这种思想，其中还引用了职业教练帕梅拉·斯基琳（Pamela Skillings）的观点。她鼓励人们对自己的兼职项目保密，这样就没有人会怀疑你的激情到底放在了哪里。这种策略适用于传统的办公室职员，他们仍然需要攀爬公司的上升阶梯。在1960年的年代剧《广告狂人》(Mad Men) 中，合

第 6 章
时间就是金钱

伙人罗杰发现客户经理肯在下班后写科幻小说,便威胁要炒了肯。"你的精力被分散了,"罗杰警告他,"作为一名客户经理,你白天晚上都得履行职责。"受到指责的肯马上同意停止写作。一小部分人可能也发现自己处于类似的困境中。如果真是这种情况,副业者不得不做出艰难的选择,放弃兼职或者找一份时间更加灵活的主业。

尽管在大多数现代工作场所中,这种思考方式感觉跟《广告狂人》中的唐·德雷帕(Don Draper)很像,但是许多成功的副业者全职工作的公司都完全能够接受他们的兼职,并且事实上有时会将他们的兼职看作一种优势。这样当然是最好不过了,因为有了脸谱网、推特和其他一些互联网技术后,几乎不可能再保守秘密了。

挤出时间

如果你想每周挤出更多的时间,可以砍掉耗时的活动,早起或者晚睡,或者仅仅是更加注重效率,这样就能事半功倍。副业者们总结了 12 个策略:

早起。虽然不是每个人都适合日出前就起床,但是这种做法却被广泛地用来增加白天的工作时间。第一章中"职业女孩"网站的创始人尼科尔是这样做的,第二章中"意外的创意"博客开发者托德·亨利和作家詹妮弗也是一样。畅销书《追风筝的人》(*The Kite Runner*)的作者卡勒德·侯赛尼也是位医生,他说自己曾经早上 4:45 起床写小说,然后再去医院上班。

利用碎片时间。人们经常会白白浪费等公交车或在银行排队这种短暂的休息时间,但这些时间也可以有效利用起来。第三章里提到的社交媒体顾问道格拉斯在去德保罗大学上班的路上使用智能手机工作,杰西利用午休时间在地下停车场练习唱歌,斯蒂芬妮在金融公司上班时快速回复邮件,欢乐合唱团的演员兼儿童书作家克里斯·科尔弗对《娱乐周刊》说,他是在录影棚和化妆间的转场时间里完成奇幻小说《故事之地》(*The Land of Stories*)的。畅销书《奇迹时代》（*Age of Miracles*）的一部分故事也是作者凯伦在担任图书编辑时，在上班的地铁上完成的。

接受不完美。 如果你想经营副业，也许不是每件事都能做到完美。这种取舍是斯蒂芬妮·希欧多尔能够接受的。Common Place 的创始人彼得·戴维斯认为，如果会阻碍项目的实施，那就没有必要保持全 A 的成绩。梅利莎说她愿意在晚上教授瑜伽课程，即使没有做饭的时间或者与朋友见面的时间也没关系。

为工作排序。 或许你不用每周全职工作 40 个小时。埃博妮·厄特利决定一有机会就去休一年的长假，这样就能空出时间安心完成下一部关于现实中的不忠及其在流行文化中的表现方式的作品，同时还能继续她的演讲事业。人生导师詹妮·布莱克的新书《大学后的生活》（*Life After College*）发布后，向谷歌公司请了三个月的假。气功修炼者黛娜·丽莎·杨和瑜伽教师梅利莎·范·奥曼从全职工作变成合同工来确保有更多的时间用来经营副业。丝绸围巾的创始人摩根·霍斯，直到教师工作退休后才开始自己的事业。

和所爱之人一起投身工作。 运动员兼注册会计师阿莉莎·威廉姆斯和丈夫一起跑步；梅利莎·范·奥曼的丈夫会参加她晚上的瑜伽课程，DCUrban Mom.com 的创始人玛丽亚·索库拉什维利和丈夫一起开发网站，这也成了他们关系的黏合剂，应用程序开发者比那和瑟德汉苏使用了同样的方法。

将休息纳入日常习惯。 对于黛娜·丽莎·杨来说，这意味着起床后的冥思。对埃博妮·厄特利而言，休息就是花时间看《年轻和骚动不安的一族》。詹妮弗·蒂茨会在孩子起床后推着婴儿车，带着刚会走路的孩子在社区散步。斯蒂芬妮·希欧多尔会在周末骑车从皇后区的公寓到位于布鲁克林的画廊。财务专家格琳达·布里奇福斯（Glinda Bridgforth）同时也是一名作家、演讲家和公司董事会成员，她每天都会花时间从阳台上欣赏离家不远的底特律河。

注重精力管理，而非时间管理。 时间并不都是同等重要的，比起晚上 7 点，你可能在上午 10 点更高效，或者正好相反。黛娜·丽莎·杨在午后和晚上的工作效率更高，而对詹妮弗·蒂茨和埃博妮·厄特利而言，清晨是最好的时段。将工作安排在效率最高的时段会事半功倍。

第 6 章
时间就是金钱

减少看电视、逛脸谱网和其他消耗时间的活动。对于某些人来说，拒绝电视的法则听上去非常蛮横。有些人需要《比弗利娇妻》(*Real Housewives*) 这样的电视剧来放松。但是，对于另外一些人，包括马丁·科迪，都坚守这条法则。马丁曾计算过，每天少看半个小时的电视剧，一年就能多出 200 个小时的空余时间。

有规划的生活。多重任务应该归入一个共同的日程表中，例如谷歌日历和微软 Outlook，以避免相互冲突。这是阿莉莎·威廉姆斯用来确保重要会议不与跑步训练冲突的方法。马丁·科迪用它来避免电话营销时突然出现酒会通知。过去 25 年间，专业教练、顾问及演讲家福特·R. 迈尔斯都在使用周历，他在里面写满了行程安排、待办事项和提醒事项。他喜欢这种实体的日历而不是电脑上的应用程序。

学会说不。上司的话你应该关注，其他人的请求就不一定了。自从我忽略陌生号码来电后，节省了很多时间，这些电话通常是公关专家针对产品来回访的电话，我对此并不感兴趣。

统一家务管理。在网上购买蔬果和其他所有事物，雇用专业的清洁人员，使用 TaskRabbit.com 这类网站外包清扫车库这类工作，能让你空出更多的时间来搞副业。如果你不愿意花钱或负担不起外包，那就应该集中精力高效地解决这些事情，保证周末有时间来从事副业。的确，美国劳动统计局在 2012 年 6 月公布的《美国人时间使用情况调查》发现，57% 的美国人在周末从事多份工作，只有 33% 只有一份工作。这表明双职人员都在利用双休日来处理副业。

记下每一个创意。为了记下深夜的突发奇想，马丁·科迪枕边准备了信笺纸。我每天都会给自己发一封邮件，里面记录了关于"帕默尔的规划"和其他计划的想法，这些想法通常在我开车或者散步的时候涌现出来，我会立马将想法用手机或者邮件记录下来，免得他们转瞬即逝。这样的习惯使得工作更连贯。

说"不"的威力

我的第一本书出版后，我曾非常努力地去推广它，为此写了很多博客并找人转载，在我参与的电视节目和广播中我也会为它增加曝光机会，不管这样的顾客群有多小。这样的工作每周占据了我 10 小时甚至更多的时间，当然这并没有什么薪水。但我乐意做，因为我很想宣传我的书。

即使过了新书发布期，我依然尽量满足特邀博客的要求，接着做播客和在线广播的嘉宾，为一些小群体做演说。我暂时只说"好"，毕竟，即使只有一个人因此买了这本书，我也会感到满足。结果，我本来就忙碌的工作周——送女儿上学前班，然后回来工作，再去幼儿园接女儿放学——变得更加忙碌了。匆匆把女儿卡琳娜哄上床，仓促读完《晚安月亮》（*Goodnight Moon*）故事，我便赶紧去地下工作室接受一位博友的网络电话采访。之后还要上楼准备女儿第二天的午餐和晚餐。我的丈夫通常也是这个点下班回家，睡觉前我会赶紧吃完晚餐。

当地的政治群体邀请我去给他们做一次关于如何维持财政秩序的演讲，这成了压死骆驼的最后一根稻草。这是一个我喜欢的话题，因此很高兴地同意了，即使并没有报酬。举办者建议我在演说结束后出售我的书，不管卖多卖少，至少能够为我带来一点收入。我为演讲做了准备和练习，到了演讲那天，晚上 7 点我前往附近的一间办公大楼，向大约 30 名年轻的专业人士做演讲。

研讨会似乎进行得很顺利，观众也提了一些很好的问题，比如如何投资和储蓄多少更合适等。研讨会结束后，他们为我鼓掌。他们看上去很欣赏我的演说，结束后，举办方还给了我一盒巧克力作为感谢，然而没有人买我的书。我只好将一大包书放回车上，这一整天让我感到筋疲力尽，并且非常想念我的女

第6章
时间就是金钱

儿。我想：为什么要干这个？为什么要同意花这么多时间来准备这个演讲而放弃和女儿卡琳娜相处的时间？是的，我喜欢讲授财政知识，而且帮助别人让我感觉良好，但这个工作牺牲了我个人的生活。

那晚之后，我不再来者不拒，开始有选择地说"不"。我开始保护自己仅有的自由时间和能量。当我感觉有压力时，甚至开始对一些有报酬的业余工作说"不"，例如我并不想写的自由撰稿的文章，以及需要花费两天的时间的跨城市演讲。是的，我想要赚更多的钱，但我也需要保护一些更有价值的东西，那就是我的时间。不去赚那一篇文章500美元的稿费，我就可以用周末时间跟卡琳娜一起烘焙酥饼，可以离开电脑陪伴我的丈夫。

什么时候和该不该说"不"，这个问题的难点是——很多时候说"是"才是最佳的选择，即使有时候说"是"违背了你的直觉。第一次有机构邀请我有偿为演讲活动演讲时，我真想挂掉电话然后躲到毯子下面。虽然他给出了不错的薪水，但有三个要求让我很害怕：坐飞机（我会觉得紧张）、离开我的女儿一周（分离的焦虑我比她更严重）以及面对一大群观众。但是排除恐惧的唯一办法就是直面恐惧，所以我答应了——我和我的姐妹们在旧金山度过了一个难忘的周末，遇到了一群令人惊讶的女士，感觉我帮她们掌控了金钱。而且这次演讲的薪水正好能够让我的家人享受夏日沙滩。

事实上，副业者常常说即使接受没有报酬的工作也可以使他们的业务蒸蒸日上。埃博妮·厄特利针对大学的演讲是免费的，财务顾问和作家格琳达·布里奇在成为有偿董事会成员之前为机构的董事会志愿服务，道格拉斯意识到为那些想建立推特账号的人提供社交媒体建议能够赚到不菲的收入依靠。

现在，当我面临放弃自由时间的要求时，我都会犹豫。但是，我仍然会犯错，我以为只是占用了业余时间，但有时所有事情都会变得紧张起来。

给副业者的最强指导

- 建立副业最大的挑战是时间。成功的副业者往往需要依靠具体的战略，例如利用午休时间或者黎明前就起床。
- 找一份能够发挥全职工作的经验和技巧的兼职，并且保证全职和兼职工作没有冲突，可以大大提高时间利用效率。
- 当副业和全职工作的性质并不完全相同时，副业者可以找寻一些方式让拥有兼职成为全职工作的一种优势。
- 如果自己的本职和兼职完全没有关联，制定严格的计划表将两份工作完全区分开来完成将会是最好的方案。
- 对一些与你自身目标无关的活动和请求说"不"是腾出时间的必备技能。

07

DUST YOURSELF OFF | 重新振作

随着我的理财规划网店不断得到推广,我还与当地瑜伽工作室的卡罗(Carol)共建了一个播客。我曾在她的工作室上过课,还关注了她的博客,因为她经常写"创造力"和"制定远大目标"这两个我感兴趣的领域。

我们热烈讨论了约30分钟如何让财务更有条理、节省更多的步骤以及如何开始退休储蓄的话题。结束后我们聊了各自正在做的事情。当我提到准备筹备一个金融研讨会,她非常希望我能在她的研讨会进行,因为她经常在研讨会上提供生活改善技巧。我立刻就同意了,因为她的客户大多是雄心勃勃的年轻专业人士,这些人正好是我的完美观众。

我花了好几周的时间准备研讨会,期间还获得了一些赞助,包括马克笔和图画用纸,参与者可以用这些工具画出他们理想的消费模式和实践,在此基础上设定远大的目标,以及为实现这一目标进行步骤分解。

终于到了研讨会那一天,我一下班就带着所有的准备材料直奔瑜伽工作室。这是我第一次以教师的身份到工作室,紧张到反胃,但是我逐渐平复下来。一位瑜伽老师带我到三楼,傍晚的阳光穿过窗户烤热了整个房间,我不由自主地流出汗来。

没过多久,参与者陆续到来,包括卡罗在内。我们先做了自我介绍,然后我把表格发下去,和参与者一起绘制了直观预算图,以确定各自的花销优先顺序,然后回想是否与实际支出相一致。我们集思广益并分享了各自的理财目标,讨论如何将这些目标分解成较为具体的实施步骤,使之更易控制。我们讨论的策略几乎能让每个人受益,包括偿还高额债务,四分之一收入的储蓄计划,以及寻求专业人士帮助。

当我准备带领研讨小组进行最后的讨论时,我看了眼表,刚用了45分钟。原本的计划是一个半小时,于是我深呼吸试图放慢节奏,尽量把时间用在回答提问上。

闷热的一小时之后,我们结束了研讨会(尽管太阳已经落下,但热气仍然穿过窗户进入屋里)。我对讨论作了总结,感谢大家的到来,并表示会留下来和参与者讨论个人理财问题。卡罗举起手说道:"这个研讨会本来定好有90分钟的。"她皱起鼻子,失望之情溢于言表。

我心里一沉,心里大呼糟糕,卡罗把我叫了出去,她表示参与者花了30美元来参加研讨会,而我的表现并没有承诺得那么好。我在很多方面都很欣赏卡罗,并努力模仿她,但是这次研讨会让我在这个瑜伽工作室主人面前感到难堪,更糟糕的是,也许我并不擅长研讨会这类事情。

我只能道歉,说研讨会进展得确实比我预想得要快,我希望可以利用剩下的时间与每个参与者单独探讨个人适用的理财方法,卡罗只是点点头。利用剩余的时间,我大致回答了关于投资方向和是否延迟支付退休金的问题,但是我的内心感到很泄气。开车回家途中,我不断反思通过个人理财的专业知识赚取

第 7 章
重新振作

收入的总体规划,也反思自己究竟能给人们带来什么价值。

这些想法萦绕了我好几天。我给卡罗写了一封感谢信,她礼貌地回复了我的邮件。我犹豫着是否要道歉。看到她放到邮件里的支票,我只能感到更加愧疚。我的演讲很令人失望,收下这 115 美元真的合适吗?这次的经历告诉我应该重新开始考虑是否需要一个完全不同的副业计划。

从失败中学习

本·博肯(Ben Popken)在 consumerist.com 网站工作了 6 年,当他被解雇时,他的人生坠入了低谷。幸运的是,现在才三十出头的本,早就做好了失业的准备,这也多亏了他们这代人普遍存在的一个观念,即没有一份工作是永久性的。他说:"任何人重复六年单调的工作后都会开始思考,'我的未来是什么?'并做好准备。最后一年,我意识到除了 consumerist.com 的工作我还需要其他生活。我开通了博客并保持更新,这样人们就能认识我。"他还去纽约的正直公民派剧院参加培训课程,将更多的精力投入到第二个爱好中,也就是即兴喜剧表演。

机会总是给有准备的人。他刚刚推送了告别 consumerist.com 的帖子,就有编辑联系他商量自由撰稿。那时起本就开始了他的自由撰稿和即兴表演事业。他的喜剧网站"本·博肯讲笑话"(benpopkenisjustkidding.com)以他本人滑稽可笑的照片和自制的喜剧视频为特色。其中一个视频,他扮演了一名播音员,主张大规模锻造铜并将所得偿还美国对中国的债务。(还有一个瘾君子的生产力的即兴表演,比我描述的要有趣得多。)后来他在视频中加入了广告放在网上赚钱。与此同时,他的新闻网站"本·博肯写新闻"(benpopkenwrites.com)

THE ECONOMY OF YOU
斜杠创业家

上则发布了许多较严肃的照片，展示他最新的消费者观念。

尽管他自身的两个目标并不相同，但他仍能让这两个目标齐头并进：每个工作日，他会在早上 7 点左右起床，喝一大杯咖啡，然后坐下来开始写发表在博客上的喜剧草稿或者文章，按本的说法，就是"写些重要或者紧迫的东西"。每周他都会花几个小时和即兴表演团队"词典忍者"（Thesaurus Ninjas）一起练习和表演。他们会练习长篇的即兴表演，这意味着他们开始接受观众的建议，然后制作一个 20 分钟的"前所未有或不容错过"的视频。

本的梦想是成为喜剧节目作家或职业的喜剧撰稿人，到目前为止，他所做的工作都是为了往后的生活和事业助推。他说即兴表演帮助他学会如何活在当下，如何进行采访，以及如何脚踏实地，这些都是作为记者应该具备的专业技能。"我的人际交往的能力有些生疏，而即兴表演在很多方面都有助于训练我如何成为一个人，就像一种最便宜的治疗方法。"他开玩笑说，"我现在能够更坦然地面对面试和新人了，也能够享受流畅的对话过程了。"

跟许多人一样，本经历了对生活的绝望，但他现在反而庆幸当时失去了工作。他说："失业是我最宝贵的经历。"失业迫使他反思自我价值，审视自己的生活，思考真正想要的未来，对工作做出有意识的决定而不是随波逐流。他现在可以把精力投入到锻炼即兴表演技能和承担新的自由撰稿任务上。他说："失业真的是一个意想不到的礼物。"

还有一个人也向我展示了他人生中的失败经历，那就是我的父亲。表面看，我父亲很成功，他的野生动物电影赢得了许多奖项，包括一次奥斯卡提名和多次艾美奖，这些电影也有助于宣传保护环境的重要性。他制作了鲸鱼相关的 IMAX 电影，与伊莎贝拉·罗塞里尼（Isabella Rossellini）和艾丽西娅·希尔维斯通（Alicia Silverstone）这样的名人一起共事，并在美利坚大学成立了环保电

第 7 章
重新振作

影中心。在他职业生涯的早期，我父亲曾作为机械工程师在英国海军服役，不久后他成为美国公民，任职于卡特政府的国会和美国环境保护署。世事无常，但是父亲的做法，对我来说，让我在处理自己的挫折时感到安心。

在他五十多岁时，我父亲决定探索全新的事业——单口喜剧。他一直欣赏喜剧演员杰·雷诺（Jay Leno）和杰瑞·宋飞（Jerry Seinfeld），并认真阅读了他们写的书，虔诚地学习他们的表演。他童年最初也是最美好的记忆之一，就是逗乐了一家人。他四岁那年，听他妈妈也就是我奶奶问世界上有多少名人。"我坐了下来，手托下巴摆出'思考'的姿势，假装严肃思考地说：'我先想一想，有温斯顿·丘吉尔爵士……'"我父亲回忆道。这引得全家人一阵爆笑。

我父亲以前从未表现过对喜剧的爱好，因为他一直忙于环保电影事业、带学生和养家糊口。在他 57 岁时，我从本地作家中心带回家一本小册子之后，他决定开始做自己喜欢的事情。他报名参加了当地一个为期六周的单口相声培训班，随后开始在头脑中构思一些有趣的段子。

他邀请我母亲和妹妹去看他的结业课，那是在当地一家酒吧举行的表演。当我看到会场——俗气的夏威夷装饰、肮脏的地板、圣诞节彩灯——我只想跑回我的车里。第一个演员的笑话是关于排便和他的私处大小，以及缺少性生活。听着这些粗俗的话语，我几乎不敢看我母亲的表情。这样的尺度即使是放在 HBO，也不合适。

轮到我父亲出场了。相比之前的演出，他的表演听起来像是英国的罗杰斯先生。我父亲的表演中很多素材都关于我们姐妹："多年来，许多男孩来我们家想约我的女儿们。我总觉得看自己的女儿和一个男孩出去就像把一幅达·芬奇的画作送给了一只猴子。"还有"我和我妻子总是将我们女儿的照片展示给朋友们看，但我发现女儿从来没有把他们朋友的照片给我们看过"。

只不过没有人发笑。好吧,其实也有一些人笑了。但是前面的表演者那些的厕所笑话似乎反响更热烈。

这并没有阻止我父亲的热情。结课后,他继续磨炼演技,经常在华盛顿的一个潜水酒吧表演,还说服当地酒店每星期六晚上开办一场喜剧演出。他甚至还得到了报酬,一晚 50 美元至 100 美元,这取决于观众的规模。他把周末大部分的时间用来修改笑话,对着我母亲做练习,然后在舞台上认真表演。但是,在我看来,给他带来的只有伤害,显然观众想从喜剧演员那得到的是隐晦的东西。

周六定期演出和担当司仪,就这样过了四年,我父亲终于从经理那收到一封辞退邮件,他们要雇用专业的喜剧演员。这次我父亲真的受伤了,还有点生气。他花了好几年的时间和精力去完善表演却得到这个结果。

他发了一封邮件告诉我和我的姐妹事情的经过。"这是一个沉重的打击!"他写道,"今天早上收到邮件时,我感到非常失望。"但是他很快改变了思考的角度,专注于这件事给他带来的经验,以及终结的好处:"这可能是因祸得福。我很高兴有更多的时间用来写书。而且战略上来看,更关注演讲而不是单口相声可能更明智。传统的戏剧俱乐部的观众不是'我'的观众,比较而言,这些观众更像是在参加电影放映会或者是一场聚餐。"

他的喜剧表演事业就此结束,开始加倍努力创作一部早就想写的书《野外拍摄》(Shooting in the Wild),有关拍摄野生动物的电影的伦理。他甚至在塞拉俱乐部(Sierra Club)碰到了一个出版商。我父亲还在电影行业的大型活动中做了很多的演讲,因此获得了许多赞誉和款待,甚至成为一名幽默的演讲者。(他没有讲他在单口相声中用过的那些笑话,但使用了许多共通的原则,比如出其不意、引人入胜。)事实上,他发现演讲比单口相声更能令人获得满足感,

第 7 章
重新振作

这很大程度上也是因为他非常擅长与那些渴望向他学习的观众建立联系。

他说，现在再回顾短暂的单口相声生涯，他感到的是喜悦。"我学到了很多关于舞台表演的经验，这有助于我的演讲和教学，也给了我机会去研究喜剧和讲笑话。这些都是我一生努力追求的重要技能。"虽然他没有登上地区或全国性的舞台去表演——比如说杰雷诺（Jay Leno）的脱口秀节目，但是他达成了自己长久以来的心愿之一。四年的喜剧演出让他感到骄傲，因为他努力过，而且有人愿意付钱看他的演出。

改变经营之道

我所采访的许多副业者都有过沮丧的情绪和失败的经历，而这些失望的情绪往往迫使（强制）他们改变生活方向，最终找到新的突破口。当托里·约翰逊在职业生涯刚开始的时候就遭到梦寐以求的电视台的解雇，像我在第 1 章里写到的，她暗自决定不再依赖单一雇主，于是造就了她如今的成功，建立的名为"求职女性"的公司也大获成功。第 2 章的埃米·斯金格－莫厄特是一位失业的建筑师，她的成功来自于一次心血来潮，她把自己设计的砧板放到 Etsy 上售卖。第 6 章的杰西·巴登－坎贝尔虽然无法作为一个歌剧演唱家谋生，但是她有一份稳定的全职的金融行业的工作，这让她能够在工作之余继续自己唱歌的爱好。阿莉莎·威廉姆斯未能通过 2008 年的奥运选拔赛，但她因此更换了新的教练，开始了全新的培训方式，并发现自己缺铁的体质。杰弗里·纳什发明了一种新型婴儿学步车，他被长期供职的公司减薪，这激励他发明了一种极具销售前景的产品。

他们的共同点是适应能力极强，并且也有想方设法摆脱困境的决心。他们利用挫折激励自己，更加努力去尝试不一样的东西。能够在副业中成功的人和那些不能成功的人之间的差距就是：不轻言放弃。

走出正确的第一步有助于你发现这种深不可测的激励。你所追求的应该是你真正爱的事业，是即使没有人付费给你，你也会锲而不舍地去追求的事业。它能给你无限的能量，让你坚持下去，即使它看上去毫无出路。成功的副业者会停下来调整自己，稍微改变自己的方向，然后继续前进。

不过，这并不容易。下面这七个策略，有助于副业者们在失望沮丧中找到前进的动力：

- **去在线社区寻找支持**。你在网上关注的人是否分享过他们的失败呢？在读完专注职场的埃米莉·本宁顿关于她说失败的博客文章后，我感到了一丝安慰。"昨天早上，我公布了自己职业生涯中最糟糕的三次演讲的经历。"她还补充写道这些演讲面对的是她最大的客户。她觉得"丢脸、失望、愤怒、悲伤、困惑，甚至质疑一切，以及震惊"。知道自己不是唯一一个在观众面前失败的人，这让我安心多了。
- **最成功的人也曾失败**。詹妮弗·洛佩兹（Jannifer Lopez）和本·阿弗莱克（Ben Affleck）出演的《鸳鸯绑匪》（Gigli）就是一例。畅销书作者埃米莉·格里芬（Emily Giffin）开始写第一本青少年小说时，她还是一名律师，出版商拒绝签多卷本图书的合同。后来成为詹妮弗·韦纳（Jennifer Weiner）最畅销作品的《床上的上帝》（God in Bed）被24家代理拒绝。2008年北京奥运会上，跨栏选手洛洛·琼斯（Lolo Jones）绊倒在最后一个障碍处，错失奖牌。但是2012年的伦敦奥运会她强势回归。最成功的人都曾受过挫折，通过互联网，你可以了解更多的细节。

第 7 章
重新振作

- **做两手准备（制订 B 计划）**。即使你只是潦草地写了一些 A 计划的补救方法，也可以缓解失败后的焦虑。凯蒂·加思莱特知道如果"完美设计"没有成功，她会在旧金山找一个编辑职位或者继续写她去年开头的小说。CommonPlace 的创始人彼得·戴维斯说，他会去华盛顿特区找一份与公共政策有关的职位，这样他就能继续致力于公民问题。

- **找到让你愉悦的东西**。对于"黑堡美人"网站的创始人阿普丽儿·鲍尔斯·奥林来说，每一次她听到否定的声音就会用肯定的态度来代替，然后"快速调整状态，而不是闷闷不乐"。其他人，包括我自己，都会郁闷一会儿，最好是边看无聊的电视真人秀边吃手里的冰淇淋，然后再继续努力。常见的方法还有打电话给亲近的人，来一杯咖啡，读一读畅销书的负面评论从而意识到你不是唯一一个处于负面情绪中的人。

- **忽略讨厌的人**。如果是匿名评论或互联网上的负面评论让你沮丧，那么你只要知道这也意味着你获得了某种程度的成功。

- **要坚信自己有无限的潜力**。心理学家丹·吉尔伯特（Dan Gilbert）发现，作为一个物种，我们不怎么擅长预测自己在未来的情绪状态。我们认为消极的经历会毁了我们，事实上，无论发生什么我们都有能力做到最好。将这个心理学规律应用于副业中，意味着即使我们经历失败也会好起来的，就像本·博肯和我父亲所经历的那样，以及我从自己的经历中学到的那样。

- **保持前进**。你可以做一些调整以应对任何必要的反馈，保持努力。潘多拉的创始人蒂姆·韦斯特格伦（Tim Westergren）就曾公开说过公司早期融资困难，当时他曾向超过 300 家的风险投资公司做过融资推介。正是由于他勇往直前不计报酬，公司才能够快速发展，最终上市，市值超过 30 亿美元。

在瑜伽工作室的讨论会失败后，我也做了调整。经过多次自我反省之后，我意识到自己想继续和人群交流，并且想做得更好。我重新规划工作室的语音模板，添加了更多的故事和细节，这样我未来的演讲就不会再有提前结束的风险了。我接受了一个由当地信用社、报社和大学赞助的项目，并且付出很多时间准备和练习，想要给观众提供有用的建议，让他们把建议带回家去尝试。与会者纷纷找我询问，我觉得自己真的帮助了一些人。

最重要的是，不要让任何一次失败阻碍自己。事实上，自此以后，演讲成为我的一项主要副业，也是我觉得最能影响人们的一项副业。

给副业者的最强指导

- 在追求副业的途中，失败是不可避免的，学习如何从失败中站起来是成功的必要条件。
- 每个人适用的提高适应能力的策略是不同的——你可以休息，换个角度，尝试一种新的方法，或仅仅是坚持下去。

08

KARMA 业力

约翰·图洛克（John Tullock）第一次在工作外获得收入得益于弗吉尼亚的蓝铃花，这种花的原产地就是他的家乡田纳西州诺克斯维尔。他轻轻松松就能在自家后院种植这种能发出荧光的钟形花卉，当地那些拙于栽培蓝铃花和其他紧俏花卉的园艺中心也乐于从他那进货。约翰很快将种植种类扩展到罂粟花、荷包牡丹、延龄草和兰花。约翰在当地巴诺书店当社区关系经理，因此他可以用周末的时间照料花园，打包销售的鲜花。每个季节他都能赚到 10000 美元的利润，这部分收入他与合伙人分成。

　　约翰已经六十多岁，但他并不满足于用自身爱好获得一份稳定的副业收入，他还想与那些潜在的专业种植者分享知识。他说："我知道经济困难的时候很多人都在寻找赚钱的方法。这不是火箭科学，只是和野花打打交道。我喜欢帮助别人，给他们一些建议。"这正是他创建博客"美国新家园"（Johntullock.blogspot.com）以及出版《有利可图：从你家的后院年入 10000 美元》（*Pay Dirt: How to Make $10000 A Year from Your Backyard Garden*）的原因。

斜杠创业家

他开始写园艺博客的时候，美国人正对这些信息如饥似渴。2008 年和 2009 年爆发的经济危机让越来越多的人开始寻找省钱的方法，也开始关注那些可以在自己家中投资的途径，并认可了 DIY 文化。甚至那些没有宽敞庭院的人也想方设法加入这股潮流：根据美国社区园艺协会的估计，美国和加拿大大约有 18000 座社区花园。我曾想参观一下这种花园，没想到就在去我女儿幼儿园的那条路上就有一个。最近，我路过那做了短暂的参观。最先触动我的是西红柿的味道。花园里每一行植物都经过精心栽培，有哈密瓜、牛排西红柿、茄子和瑞士甜菜，每一种都占地很小。

虽然许多人种植果蔬只为自己食用，但是也有像约翰一样的人，选择去当地的农贸市场、小杂货店或园艺中心售卖他们的劳动果实来获得一小笔收入。约翰传授给其他种植者的建议结合自己的经验，包括重点培养当地流行且适宜种植的鲜花和蔬菜。因为他发现"奇怪和不寻常的东西并不好卖。"他更喜欢与当地花园中心合作，而不是花大把时间为住得很远的客户打包。他说："数量再大也不能弥补带来的麻烦。"通过写作分享自己来之不易的专业知识，他交到了来自世界各地的朋友，而且经常受邀参加当地一些关于打理后花园的活动。就像程序员花时间编写开源代码或是摄影师公开分享自己的图片一样，约翰通过分享知识和技能来帮助他人。

对于很多副业经营者，尤其是那些已经取得了某种成功的副业经营者来说，帮助处境相同的人解决副业中面临的挑战是很自然的事情。这个群体并没有受到竞争或"坏女孩"精神的影响，恰恰相反，副业者们经常分享想法、资源，甚至各自的工作经验。

第 1 章提到的 sidegig.com 网站的创始人乔·凯恩需要改善自己的网站设计，他雇用了一个刚刚起步的网页设计师。当第 4 章里的珠宝设计师埃丽卡·萨拉

第8章
业 力

需要营销支持时,她决定与刚刚建立自己品牌的公关专家梅甘·莫伊尼汉·卡拉韦合作。这样比雇用一个成熟的公司更便宜,更重要的是,她觉得梅甘了解她需要什么,也比专业公司更能理解她的生意。

亚历克西斯·格兰特(Alexis Grant)是我的朋友,也曾和我一起工作过,她开始了自己的社交媒体咨询事业,现在雇用了几个有全职工作但想要做兼职的年轻人来担当社交媒体专家和作家。她说:"我并没有专门去雇用那些人员,这是水到渠成的事情。"可能是因为她经常通过推特、邮件通讯和博客来发掘员工,这些人很多都是对兼职有兴趣才关注她的。(她通过自己的网站售出的最受欢迎的电子书,讲的就是如何建立自己的兼职业务。)

亚历克西斯喜欢和副业者们一起工作,她说:"因为他们往往是充满野心地朝着自己梦想前进的行动者。他们聪明、可靠,并且没有停下学习技能的脚步。我很乐意帮助这些富有进取心的人,更重要的是他们自己往往也比在全职工作上消耗了自己激情的人更有价值和热心。"

有所作为

当获得更多的财务保障,并因事业成功而更加自信,很多副业者会更明确地在自己的副业中加入"回馈"的成分,保障自己财务安全的同时也帮助他人。这就是为什么"地窖天使"在线红酒销售公司的创始人马丁·科迪(第6章)允许客户选择自己信赖的慈善机构,并由"地窖天使"将葡萄酒销售收入的一部分捐赠给这些机构。这也是为什么旅行博主、《特立独行的艺术》的作者克里斯·古里布2012年7月在他的"攻占世界高峰"(World Domination Summit)网站上呼吁参与者"捐出生日礼物"给一个为发展中国家提供清洁饮

THE ECONOMY OF YOU
斜杠创业家

用水的非营利组织。(捐赠生日礼物意味着让朋友把给你买礼物的钱捐给需要帮助的人。)

对于一些副业者来说,回馈他人符合他们的原始动机,从一开始他们的追求就扎根于公共服务方面。阿舍·科森(Asher Corson)第一次成为社区公民协会的主席是在大学三年级的时候。他所在的社区位于华盛顿特区雾谷也是水门大楼和美国国务院的所在地,但是附近的居民经常与乔治·华盛顿大学发生冲突,而阿舍是那里的学生。当他不断加深对当地政治的了解,接触更多当地居民,他发现当地居民认为社区委员会的负责人很难尽职尽责,并不能帮助他们协调问题,也不能有效地表达他们关于大学扩张问题的关切。"他们邀请我去竞选,当时我年轻、精力充沛,并且积极参与学生政治,这些都让我有机会在华盛顿特区政府竞选职位。"

阿舍参加并获得了压倒性的胜利。他立即着手解决几个热点问题,包括通过允许开发商使用图书馆的上层空间来建立一个基金会,以便重建并持续维护当地图书馆。"我们不仅因此得到了一个全新的图书馆,而且也得到了华盛顿州其他地区的图书馆从来没有过的专门的收入来源,用于维持图书馆的运营。"他如是说。

阿舍每个月都要花10~25个小时在社区委员会工作,但是并没有什么报酬,至少没有现金形式的报酬。不过,阿舍也因此用兼职工作确定了自己的职业方向。现在,三十多岁的阿舍是市议会的社区主任,并且利用政治工作积累的社区中的扎实群众关系和根基,建立了自己的公关公司。(当地公务员通常都会做两份工作,因为小城镇公务员的工资往往很低,甚至没有。例如,弗吉尼亚州赫恩登市的新市长,年薪只有6000美元,他的主业是私人教练。)

有些公共服务副业者有着更强的创业冲动:2009年,埃米莉·卡明斯基

第8章
业 力

（Emily Kaminski）怀孕期间因为一次感染去药店买抗真菌霜，她发现55美元的药价包含了保险费用。她没有立刻购买，而是对比了不同药店的价格，发现差异很大，甚至附近的一家好市多超市只卖18美元。"因为我需要两管药，便宜的价格也就给我省了一笔钱。"这位住在亚特兰大的一个全职妈妈说道。

她也因此生出一个想法：如果建一个能让人们快速对比当地药店药品价格的网站，帮助人们尽可能地节省花费怎么样？结合她自己的教育背景和她丈夫在科技界的经历，埃米莉完善了这一想法并将其提交给由当地企业赞助的一个创业展示会。虽然并不顺利，但是获得了很多有价值的反馈，帮助她重新整合了这一概念。她雇了一个自由职业者帮她建好网站，设计商标，启动了frugalpharmacies.com 网站，她开始阅读金融和健康相关的博客，这样她可以更好地回答访问者的问题，或是提供相应的背景信息，比如自费部分和免赔额的意义。她搜集的价格信息，要么是自己询问药店得到的，要么是用户提交的。

网站推出后不久，她就发现有一个热心用户，非常渴望网站上提供的信息，现在，她的网站每月有超过1000名访客，大部分都来自搜索引擎的引导。她说："从消费者的角度来看，找出某个特定药物的定价是非常复杂的过程。你可能知道牛奶大概多少钱，但不经常去药店的话肯定不清楚药物的价格，也就说药品的定价缺乏透明度。"对药品来说，价格不是最重要的因素，却是讨论的焦点。当她做了更多的研究，并在网站上增加了更多的药物信息时，她发现许多药物的价格差距浮动在40~50美元上下，取决于你去了哪家药房。

保险让价格比较变得很麻烦，因为不同的人和药物面对的保险覆盖范围会有不同。在frugalpharmacies.com上，埃米莉提供的是不需支付保险的价格，以便同类药品能够进行横向比较。她说，对于有着高免赔额的人来说这个方法很有用。

THE ECONOMY OF YOU
斜杠创业家

埃米莉仍旧致力于如何把这个网站建立成一个可以自我维持甚至盈利的网站。她的想法包括在网站上设置捐赠按钮，和相关的非营利组织和患者组织合作，以及开发手机应用程序。目前来说她只是单纯觉得很高兴能帮助人们用最少的钱去购买药物。网站的访客之一有一位癌症患者，曾向她咨询一种有助于动脉健康的处方药。保险公司只负担有限的费用，所以他需要每个月自费支付109美元，当时他已经很长时间没有服用足量的药了。从埃米莉的网站上他了解到沃尔玛和塔吉特的药物折扣，这让他少花了一半以上的钱。埃米莉说："生病的时候，你肯定没有时间打电话挨个询问周边所有的药店。"

现在三十出头的科技写手马克·威尔逊（Mark Wilson）也有类似的经历。2010年他在Gizmodo网站做资深编辑的时候，也开始考虑职业生涯的下一阶段要做什么。"我意识到自己讨厌阅读新闻，生活和工作都令人沮丧，而我无能为力。"住在芝加哥的马克开始考虑，能不能帮助那些正试图解决紧迫的全球性问题的组织筹集资金。"我去捐钱的时候想这真是一种可怕的经历。我不知道自己最关心哪个组织——癌症研究基金还是人权组织，因为每一个我都想捐款。"就在那个时候，他萌生了建立慈善家网站的主意，一个可以让人们付出很少，比如每天捐赠1美元给慈善事业，并集合所有微小的力量去产生影响的网站。这个想法基于高朋团购，也就是是利用社交媒体的力量。他说："我认为这个支付模式能够吸引很多人，而且可以通过做有意义的事情来重新定义一切。已经有1美元店，麦当劳也有1美元套餐。人们很容易心血来潮花那么1美元。"

2011年1月，马克从Gizmodo离职，成为一名自由职业者，并用自己的积蓄、一个编码器雇了一家设计公司做了一个网站。很快，网站就拥有了1000名测试用户，随后得益于社交媒体的推广，用户增加到8500名。马克和他的团队

第 8 章
业 力

在做"每日交易"之前会对非营利组织进行彻底的审查。在接下来的一年半中，该网站为慈善事业募集了近 180000 美元。

马克和他的团队并没有用捐赠的基金来支持网站建设，而是选择采用广告或基于订阅的收费模式。不过因为他们的网站的增长是线性的，而不是指数的，很难通过网站变现来维持网站的运营。最终，他们决定将网站卖掉，现在他们正在与对网站感兴趣的名人、非营利组织和企业洽谈。但是他说："很多人想要经营这个网站，但是我更感兴趣的是接手的买家要比我的团队更有能力。"他认为正确的支持和积极的营销可以让网站步入正轨。至于马克自己，则进入了《快公司》（*Fast Company*）杂志，他的工作是采访其他初创企业的运营者。他说："我很高兴曾经试着建立自己的产品——让我懂得了如何管理一个团队，怎样让优秀的人一起工作，也知道了看似简单的事情背后有多复杂。"这样的经历丰富了他的报道。

CommonPlace 网站的创始人，第 5 章提到的彼得·戴维斯也曾受大目标的驱动——为人们创建有意义的社区。他受哈佛大学的政治学家罗伯特·普特南（Robert Putnam）在《孤独保龄》（*Bowling Alone*）一书中详述的美国社区活动衰落的情况所启发。在《孤独保龄》一书中，普特南认为，社区意识在下降，而社区的存在对减少犯罪行为、和谐人际关系是绝对有必要的。彼得想尽自己的力量来扭转社区衰落，让社区文化再次充满力量。

"我们想要构建让人们可以见面并聚会的第三空间。很多在线网站并没有实际的意义，只是分散了我们的时间。我们想做些耳目一新的工作。"彼得说。

杰森·尼古拉斯（Jason Nicholas）是俄勒冈州波特兰市的一位兽医，他的动机是向宠物主人传播如何使他们的宠物远离常见的家庭危险的安全生存常识。杰森在动物医院做急救护理医师时就意识到，大多数宠物的受伤本可以避

斜杠创业家

免。"我们见过太多本可以预防的情形，而使用互联网宣传可以提高人们的意识，我也因此受到触动。宠物的主人并没有意识到大力提高安全意识，与犬恶丝虫预防接种的一样重要。"他说，"比如说每一位狗主人都应该知道木糖醇的危险。这是一种用于无糖口香糖、牙膏和其他受欢迎的产品中的甜味剂，而一条 100 磅重的罗特韦尔犬误食一包无糖口香糖很有可能会因此致死。"虽然木糖醇对人来说是安全的，但对狗来说却是致命的，误食会导致痉挛、昏迷和肝衰竭。同样，某些类型的百合花对猫来说也是有毒的，这是许多猫主人不知道的事。即使是一些很小的举措，比如将袋子挂在结实的钩子上，让宠物接触不到，就可以帮助它们避免中毒。

为了传播关于宠物安全的知识，现在 40 岁的杰森推出了自己的网站 thepreventivevet.com，上面给出了避免宠物触电的指南，适用于各种户型和房间格局，还做了一个用图表列出宠物中暑和其他常见的危险的博客。他还写了两本深入探讨猫狗安全的书，每本书里包含了给宠物主人的 101 条技巧。他雇用了一个插画师和设计师优化书本的阅读模式，并且希望最终让国内的每一个兽医办公室和动物收容所都配备上他写的书。

起初，杰森都是无偿提供服务，用个人的时间和金钱来提供防止宠物受伤害的知识。他缩短了自己的诊所工作时间到每周三天，其余的时间则用来建设网站（同时养育两个年幼的女儿）。他还分别投资了 20000 美元和 25000 美元在他的网站和书籍上。现在，他开始寻找更多的方式确保宠物安全计划可以维持自身运营并尽量使之变成一个可持续发展的项目。最近，他开始逐个为新手宠物主人提供建议，帮助他们使宠物在家里免受伤害，并在众筹网站 Indiegogo.com 发起了众筹以出版个人著作。（两周的时间筹集到了超过 5000 美元。）他说："我最初的目标是能够从销售书籍中获得收入。"（他还将一

第 8 章
业 力

部分收益捐给了猫狗慈善机构。）这个项目可能会带来其他的收入，比如开设宠物安全类教学课程，或与宠物保险公司合作开展教育项目。

非营利性副业

致力于慈善事业的非营利组织往往也是一种创业目的。当安吉拉·托马斯（Angele Thomas）2009 年在加利福尼亚圣何塞一个市重点高中做学生指导工作时，就有了成立非营利组织的想法，即"注入活力项目基金会"（Infuse Program Foundation）。当时 27 岁的安吉拉是硅谷一家大型科技公司负责新产品开发的全职项目经理，她意识到受她指导的学生可以在市里的创业活力和资源中受益。"比起那些生活在西部，父母在高科技公司工作的人来说，这些学生面临的机会较少，"她说，"所以我觉得我们需要让硅谷的活力民主化。"

为了做到这一点，安吉拉开始通过她所在公司与其他公司的当地高管对话。她说："我说服了这些高管给我的想法投资，他们认同教育资源均等化的观念，并愿意为建立教育社区给予支持。"她还被公司任命为教育大使，这意味着她开始作为公司代表参加硅谷教育会议，同时也有利于她建立自己的非营利组织。

她的非营利组织开展了企业学相关的课外辅导课程，包括她自己在内，吸引了许多硅谷社区成员来给学生们授课。在当地的创业推介会期间，这些课程特别受欢迎。因为在创业推介会上，高管们会基于学生们的想法和陈述给他们提供相应的实习岗位和奖学金。曾有一位获胜者的产品可以用作咖啡杯把手、腕带和手表，现在已经获得了专利。另一个从安吉拉的课外辅导课程中毕业的成员目前正在加州加利福尼亚大学攻读化学工程专业。

然而安吉拉并没有从这项工作中获得直接报酬，但是她说自己在许多别的

斜杠创业家

地方获得了好处：公司从她开展的教育工作中看到她作为领导者的潜质。她偶尔也给其他科技公司做一些有偿演讲，内容关于整合企业的社会责任、如何将创业原则适用于个人工作等。但是，到目前为止，最大的收获是安吉拉所说的满足感。她说："能够让孩子们说出'我能做到，我能考上大学'，让这种创业思维传递给孩子们，点亮他们的前路引起孩子们的关注，这一点才是她的动力之源。""注入活力项目基金会"已经在两所学校传授了近200名学生，她打算尽快继续扩大这一数字。

非营利组织牛奶赌徒(Milk+Bookies)的创始人梅雷迪特·亚历山大(Meredith Alexander) 也有相似的经历。我第一次得知她的组织时，正在思考卡琳娜的生日聚会。有孩子的人都知道现在有些圈子里的生日聚会的预算是很高的：豪华礼包、演出艺人，还要有商业场所，如配有蹦床和滑索的健身房。初为人母的我对此不知所措，无所适从。

我在网上搜索时发现了牛奶赌徒网站，于是我给梅雷迪特打电话了解详情。梅雷迪特住在圣塔莫尼卡，她以前是花卉设计师，现在则是全职妈妈。她的事业始于想要寻找让一家人一起度过愉快时光的方法，她还想让自己三岁的孩子逐步形成公共服务的观念。于是她和有孩子的朋友们在当地一家书店起组建了一个周末活动群。孩子们挑选自己最喜欢的书赠送给另一个孩子，这些书装饰有个性化的藏书票铭文，活动中还提供牛奶饼干等。梅雷迪特说："就在排队结账的那30分钟里——我起了一个念头，家长们都想让自己的孩子做一些有意义的活动，而我正好可以利用这一机会。"

她着手开始建立活动模板，其他家长可以参照模型为孩子们设置生日聚会的主题或作为孩子们的团体活动项目。2008年，她正式成立了一个非营利组织，并邀请有董事会和财务经验的两个朋友一起做。他们一起开发和传播这个理

第 8 章
业 力

念，建立 milkandbookies.org 网站，并在上面销售包含了书签、气球、贴纸等的"赌徒盒子"以便让家长更加便利地在家或其他地方主办一场聚会，参加聚会的客人要带去一本自己喜欢的书捐给当地的非营利组织、学校或图书馆，而不是送礼物。（赌徒盒子除去所需花费的材料成本后的销售额足以让非营利组织运行下去，还能提供两名工作人员的报酬。）

"家长的反应非常有意思。看到有一个完全准备好的活动模板，家长普遍觉得松了一口气，剩下的就是把蛋糕秀出来就好了。"梅雷迪特非常享受看到"牛奶赌徒"对孩子们的影响："我们真的很高兴让这些孩子感受到赠予他人是多么棒的事情，而且我们希望在活动结束之后他们能够继续用各种不同的方式去实践赠予行为。我们培养了一代人，他们会成为问题的解决者、实干家和捐赠者。"

也可以用这种形式讲述特蕾西·韦伯（Tracey Webb）的故事，她在华盛顿特区建立了一个叫作"黑布施"（Black Benefactors）的捐赠圈。特蕾西解释说，捐赠圈本质上是一群人聚在一起为他们关心的事情捐款。她解释说："事实上，集体能够产生更大的影响。"四十多岁的特蕾西决定建立捐赠圈，源于她在非营利组织的全职写作工作中注意到许多小型非营利组织都急需资源来完成使命。这些小组织需要培训员工，需要发展他们的团队，也需要技术援助。

所以，特蕾西为预算在 50 万美元以下的非营利组织创建了一个捐赠圈，以筹集资金来资助这些小型非营利机构的活动。捐赠者通常更倾向于将捐赠指定给特定的活动，所以对特蕾西来说，用指定的资金帮助她认为最需要帮助的组织就很重要了。捐赠圈的成员不仅仅捐钱（至少 250 美元），也经常分享他们在管理、团队发展或者网页开发方面的专业知识。这个主要由 30~60 岁的非裔美国人所组建的团体通常每年至少捐赠 10000 美元给当地的非营利组织。

斜杠创业家

特蕾西计划建立一个新的衍生团体"青年黑布施",吸引年轻人对当地慈善事业的关注。

特蕾西和本章描述的所有的副业者们都发现,把时间奉献给公共服务或慈善机构并不一定意味着金钱上的花费。结果恰恰相反,即使对公共服务和慈善事业追求本身并不带来收益,往往也会带来丰富的人脉接触、社会资源,以及更丰富的经验交流,而这些都有助于提高你的职业生涯、人生目标或经济前景。最有意义的是,这些副业可以帮助副业者们为自己的未来做好准备,迎接更大的计划和目标,走上正轨。

给副业者的最强指导

- 副业者们经常通过共享信息、加强联系和互相提供建议来帮助彼此。他们还经常进行互聘。
- 有些副业者最初的动力来自改变现状的渴望,而他们也紧紧围绕着这一目标建立了自己的事业。

09

ENDGAME 尾声

每次我问起从事副业的长期目标,通常副业者们会回答他们想做得比现在更好:有一份全职工作保底,同时又能做一些新的试验和尝试。"我发自内心喜欢自己的全职工作。我热爱艺术,也喜欢与技术有关的东西。"第6章提到的歌手科琳娜·德兰尼这样说道,她并不打算放弃全职工作。

第3章里提到的税收专家贾森·毛力纳克也给出了类似的回答:"我很幸福,我爱自己的工作。我的激情、我的事业、我的网站都是我的爱好。"不过,他也补充道,想要继续尽可能地扩大客户基础。

第3章提到的跳伞运动员与职业教练悉尼·欧文,计划无限期地继续她的跳伞与执教生涯。作家兼律师事务所经理詹妮弗·蒂茨(第6章)从全职的律师事务所工作中获得了写作的灵感。马丁·科迪(第6章)想继续一边做医疗销售,一边做在线葡萄酒销售。这些副业者们都在自己的两种职业追求中找到了平衡,并能够在可预见的未来带给他们稳定的支持和满足。

在这个过程中,他们重新定义了财务独立。财务独立并不是说要每年赚

100万美元，或赚够了35岁就可以退休去伯利兹的钱。相反，它意味着单一的老板、单一的雇主或单一的薪水并不是你每个月唯一的收入来源，也表明你总有至少一份额外的收入，不必去考虑经济波动的影响或雇主的底线，还意味着是你自己，而不是雇主掌握着你的财务控制权。

这就是为什么对于许多副业者来说问题不是"我什么时候能从全职工作离职？"而是"为什么我要从全职工作离职？" 比起业余时间的高风险副业，全职工作给人提供了安全感与稳定。除了一份稳定的工资，全职工作还提供了退休和医疗福利、免费的咖啡、友情、技术支持，而且最重要的是，一个成熟公司里有学习和成长的空间。我自己的副业是为了充实生活和获得盈利，它永远不可能取代全职工作在财务、社会与情感上的优势。

正是全职工作和副业相结合，才为我们提供了最大限度的财务安全。这样，不管是全职还是兼职面临失败时，我们还有一份后备的收入。如果只有一份全职工作，我们就是在一张安全网里走钢丝；只有副业的话，则根本无从进入安全网，无法依靠公司获得关系、支持和后备力量。像硅谷的技术经理和非营利机构创始人安吉拉·托马斯说的，同时拥有副业和全职工作意味着"你可以展翅高飞，也可以在悬崖上纵身一跃"。

兼顾两者很难，但是相对地你不用面对危机时代的裁员而丧失收入，也不用做一份厌倦了30年的单调工作。

走出困境

有些副业者可能没有余暇既做全职又做兼职。副业收入是他们失去主业的救济。蛋糕设计师克里斯·富林（第1章）因为他父亲餐厅倒闭而开始专注于

第 9 章
尾 声

自己的蛋糕事业。妮科尔·克里马尔迪·埃梅里克（第 1 章）意外失去自己的第一份工作后，转而经营起自己的副业"职业女孩"网站。卡哈亚·帕里克（Chhayal Parikh）是我的前同事，如果没有周末晚上的健身教学工作，在她被突然解雇的时候就会失去所有的经济来源。健身课程给她带来每年约 10000 美元的收入，在她找到下一个全职工作之前，她可以用这些课程费来保障生活。

事实上，副业和全职工作间的界限正逐渐模糊，副业者可以在两种工作间游刃有余。杰夫·弗雷德里克（Jeff Frederick）是三个孩子的父亲，住在密歇根州特洛伊市，2008 年他被工作的建筑公司解雇，于是登录了自由职业者网站 Elance.com 去寻找工作。他说："我想一边工作，一边加强自己的工作技能。"

杰夫很快找到了针对住宅和商业客户的小型设计项目。第一份工作是为客户的后院设计装饰栅栏。杰夫说："（那个客户）要一种不同于家得宝的产品。"客户对杰夫的设计很满意，杰夫于是开始通过网站寻找更多的机会，包括为奥马哈的一家公司设计办公室。他的收入虽然比不上以前的全职工作，但是这些额外的收入帮助他的家庭度过了失业期。平均来说，他通过网站获得了每小时 50 美元左右的收入，而从他接手的副业工作总收入已经超过 10000 美元。

后来，他在另一家建筑设计公司找到了全职工作，但没有停止副业。"我每晚多工作两小时，一周多点时间就能完成一个项目。"杰夫把这种额外的收入用作储蓄和一般家庭花费。

当他第二次失业时，他再次关注了 Elance.com。现在，他又找到了一份全职工作。他继续在晚上和周末做副业工作，保持副业工作使他可以更灵活地在全职和自由职业者之间轻松切换。

还有一些副业者是自己决定辞职的，迈克尔·卡文（Michael Carvin）就是这种情况。当他在一家私人公司工作的时候，就开始研究一种新的个人理财工具。他当时正打算买首套房，即使是专业的财务分析人员也会被购房过程困惑。"我以为自己能明白其中的经济学道理，但是实际比我想象的要更复杂。"迈克尔想在纽约买房，而随着房地产经纪人不断给他介绍远高于预算的房子以及多种抵押贷款选项，他觉得自己需要适合自己的财务模型，就类似于他在日常工作中为企业构建的那种模型。

迈克尔设计出了模型，包含了避税、抵押贷款利率和房产的未来预期价值，还包括了一些其他因素，他还与朋友、家人们分享这个模型。正是那时，他意识到这个财务模型有着广阔的市场，这个工具可以给人们提供个人财务指导。他说："我们得到了良好的反馈，这给予了我们极大的信心。而且致力于研究个人理财方面的新技术感觉像是向前跃进了一大步，因为我们在帮助人们做重大决策。"

所以迈克尔和他的合作创始人菲利普·卡米尔（Philip Camilleri）更详细地完善了模型，添加了对税收、开支、负债和收入的详细预测项目。他利用晚上和周末花了八个月的时间做完这些工作，然后才决定辞职。从全职工作中学到的金融培训的相关经验，对于他自己的商业构想的形成起到了非常必要的作用。他说："辞职前的两个月中，为了自己的事业所做的每一步都需要全身心地投入，这一点很明显……我当然会担心因为失去全职收入而失去财务安全，但是一边做全职工作一边做自己的事业让我们筋疲力尽。"他们的新网站SmartAsset.com 需要新的商业合作伙伴和投资者。迈克尔说："如果别人知道你的公司只有两个员工，他们可能不会愿意接听你的电话，如果这两个员工还只是兼职，他们就更不可能认真对待你，要建立联系也会变得更加困难。"

今天，迈克尔的团队拥有 5 名员工，并且受到包括《快公司》和《电脑世界》（PC World）等主要媒体的报道，这些都让迈克尔坚定了当初的决定："如

第 9 章
尾 声

果我能未卜先知,我会更早地辞职。"他和合作创始人一起扩展了网站的业务,将信用评分、退休、租赁和购房指导也囊括进来,并计划延伸到其他更多的领域,包括人寿保险和投资。最初靠投资者支持运营的时候,网站旨在通过给用户推荐抵押贷款这种金融产品实现盈利,这是他们认为最可行的途径。现年30岁的迈克尔已经实现了财务自由:他拥有属于自己的兴隆事业。

第 4 章提到的玛丽亚·索库拉什维利也做出了类似的选择,她放弃了信息技术的全职工作,与丈夫一起打理网站 dcurbanmom.com。她既是两个孩子的母亲,又做着全职工作,还要打理网站。"时间根本不够,我意识到这种情况不能再继续下去了。"

第 2 章里提到的"意外的创意"公司的创始人托德·亨利,当他难以兼顾不断增长的兼职事业与全职工作时,决定辞去非营利组织的创意总监这份全职工作。

对针灸师和治疗按摩师露辛达·莱昂－威登(第 5 章)来说,时间不够也是她的决定性因素。她做了 10 年的会议规划者,每天从 4 点半到 6 点半还兼职整体治疗师,她越来越意识到这种安排阻碍了她事业的发展。她在放弃了全职工作后说:"顾客会因为预约不了而感到失望,我有时也会因为出差而不能去见客户。因此我很高兴现在每天有更多的自由支配的时间。"

但是,并不是每个人都必须要做出取舍。第 6 章提到的黛娜·丽莎·杨将全职工作转成了合同制的工作,从而缩减了她的工作量,让她可以专注于自己的整体健康指导的生意。

瑜伽老师梅利莎·范·奥曼(第 6 章)用在大学的兼职工作取代了压力巨大的咨询工作,填补她瑜伽教学的收入。亚历克西斯·格兰特(第 8 章)辞职去了另一个公司,于是从全职变成了只要每周抽几天来写作和编辑,这样她就可以利用一周余下的时间打理自己的网站、写数据指南和社交媒体业务。她说："这份工作给了我财务保障感，让我能去做自己的事业。"

寻求满足

当我问副业者们长期以来是什么给予了他们满足感，他们的回答几乎都是相同的：对世界产生了积极的影响，即使非常微小。对于那些在公共服务方面有追求的副业者，如frugalpharmacies.com网站的创始人埃米莉·卡明斯基或是"注入活力项目基金会"的创始人安吉拉·托马斯，他们带来的积极影响显而易见。但是对于那些以商业性目标为动力的人来说，也能带来积极影响。财务保障往往是人们踏上副业道路的重要因素，他们通常也能得到很多回报，特别当他们将副业追求与自身技能、价值观和梦想相结合。

当费比·埃尔南德斯（第3章）的珠宝企业有所发展后，她开始雇用来自家乡布朗克斯的年轻人帮她做社交媒体账号与图案设计。"费比团队"的成员聚在一起时会穿着有公司标志的文化衫，上面写着"没有牺牲"。费比表示，这项事业中最令人喜悦的部分之一是能够帮助年轻人，这也是她将来从国家安全工作岗位上退休后想继续追求的目标。

至于童书出版家卡利·李（第3章），她的满足感来自于给作家和插图画家结清版税，以及帮助小读者与书中的新角色建立联系。"看到别人的价值并雇用他让我感到满足，所以从某种程度上来说，写版税支票是让我最开心的事之一。我所做的事为艺术家建立了有形的经济基础，我们重视艺术家的价值并提供给他们赚钱的渠道，这一点很重要。"

第2章里由教师转职为承办人的马娅·海克－默林说，教师们反映课程研

第 9 章
尾 声

习会使他们更想待在教室,这鼓励她坚持为教师们提供研习会。如何避免教师辞职是教育界面临的一个大问题,而马娅觉得自己通过帮助教师学习如何处理来自父母、家庭作业和管理任务的压力缓解了这一问题。她说:"听到老师们的个人事迹,让我觉得一定要将这件事坚持下去。"

普拉卡什·德赫里亚(Prakash Dheeriya)是加利福尼亚大学多明格兹岗分校的金融学教授,他通过副业找到了一种传授金融知识的方法。普拉卡什最初想给自己还在上小学的两个儿子一些基本的金钱技能,比如什么是风险和回报,什么是机会成本和信贷,于是他写了一本理财书籍作为教材。他将之视为可以传给孩子的财富。很快他意识到其他孩子也能从这些课程中获益,所以他编写了一系列书籍,并通过他的个人网站 finance4kidz.com 进行销售。

普拉卡什说:"我们通常只教育孩子要节省,却很少教他们风险和回报之间的关系,而他们可能会遭遇庞氏骗局,被欺骗。所以,我们需要让孩子了解这些事情会带来的风险。"他觉得基于自己几十年金融教学的经验,分享这些有关的课程给需要的人就是他的职业期望。

以前做顾问、现在是瑜伽老师和大学老师的梅利莎·范·奥曼也从她现在的双重职业中得到了类似的满足感。咨询工作压力巨大,工作环境中也充满敌意,自从辞去顾问工作,梅利莎开始享受她在瑜伽工作室和教室里的充实时光,很大程度上她乐于帮助别人转换生活方式。她的课程总是能令人精力充沛,她的目标就是让人们能够充分参与到课程中来,"帮助人们脱离日常思维习惯,创造空间让人们接受新事物。"她通过教学、语音语调、灯光、音乐和物理辅助来达到理想的教学效果。

一位学生参加了集体课程与私人课程之后停止了节食,顺从对食物的本能需求,这也是她人生第一次保持了健康减肥。另一位学生决定离开她从事了

20 年的通信事业,去做全职的瑜伽教学工作;还有一位学生抛弃了吃外带汉堡的生活方式,转变为一名素食主义者。她也从大学的学生身上看到了类似的转变,有一位学生从商业相关的专业转到了公共健康相关的专业,并戒了烟。"我尽力给学生提供支持和资源通道,让学生感到鼓舞和自信,并做出改变。"她又补充说,"我视自己的角色是帮助人们建立一个他们可以不断往返的空间——对自我反思来说,重复行为是一种强大并有效的实现方式。"

学生们都非常感激她,所以经常给她送一些小礼物或是诉说一些感想。她的脸谱网页面上也有许多留言,感谢她课程和她的"有益帮助"。梅利莎善于言辞,有一种温柔的力量和权威性,她的课程能够激发学生们内心的追求。"我投身于公共健康的原因一部分是我想给世界带来一些积极的改变,我也看到因为我的原因,瑜伽工作室学员们的生活发生了巨大的变化。能够给人们的生活带去变化,这着实令人兴奋。"

梅利莎的经验与我所做的有关职业满足感的研究的部分内容产生了共鸣,这个研究的发起者是东北大学商学院管理和组织发展助理教授杰米·莱奇(Jamie Ladge)。这个研究更关注商业成功的主观因素,包括人们对工作的成就感,而不是仅仅关注经济回报。她说,满足感不仅仅来自于收入,还来自于"个人奖励"。

她的研究可以用来支持一种更灵活且长期的新型全职工作模式,在这种模式下,一段时间既做全职工作又做副业,一段时间则只做自由职业或合同工,诸如此类的组合。"早些年我们接受的教育是成功并不是直线,只有一步一个脚印。"但是新的职业模式表明了,获得成功有许多不同的方法,而且每个人都应该寻找适合自己的那一条路。新模型还包括调整心态为自己工作,即使你正在为别人打工。杰米说,这是完美融合全职与副业的哲学。

第 9 章
尾 声

每次我售出一个理财规划，写了一篇文章，或是准备我的最新演讲时，都会受到这种想法的鼓舞。我的时间仍然主要用在全职工作上，并且这份工作是我的主要收入来源。在这份全职工作中我也能得到很多满足感，尤其是当我从读者那里听到好评，说我的文章都很有用，或我的一篇文章在推特或脸谱网上被转发时。有我老板的支持，我的读者群更大。还有，设计出售新的规划，演讲广受好评所带来的那种欢快是完全不同的：写规划或是做演讲需要我找到自己内心的声音，还要拥有个人技能，同时要帮助人们指出贯穿这些内容最有用的信息。就像职业研究所揭示的，能够带来无与伦比的满足感。

当工作状态不好的时候，只要来喝一杯提神的浓缩咖啡，一边看 Etsy 上的留言板。米歇尔在上面对我的一条金融管理贴子评价道："特别有用！我爱死了，它就是这么好用！"另一个客户评价我的理财计划是"非常容易理解并且让理财变得更有趣"。还有人写道："作为一名刚毕业的学生，我需要一点帮助。而到目前为止，这些工作规划都非常好使，而且不会太难。谢谢你！"一位单身妈妈在读完我的育儿文章后留言问我是否有别的具体建议给单身准妈妈们。（我告诉她一定要尽快找一个她觉得不错的儿童保育机构。）一位西班牙巴塞罗那的客户留言说，她觉得一边喝咖啡一边学习我的理财文章非常令人兴奋。"谢谢你的努力，这特别有价值。"她写道。

另一位米歇尔购买了定制版的单页计划，给我写了一封热情洋溢的电子邮件："你帮我在最完美的时间找到了正确的方向，我迫不及待地要把这些想法付诸实践。"

我的规划也帮助我自己完成了最初的目标：更强大的财务保障。从第一次推出"帕默尔的规划"那年开始，我的店铺积累有了近 20000 的页面浏览量，并售出了价值 2000 美元的计划表。得益于我的自由撰稿与演说工作，我的总收入超过了 10000 美元，远超我最初的目标。没有全职工作，我没有办法维持自己和家庭的生活，但最重要的是我需要时可以继续扩张副业。

这一路上我遇到的其他副业者们也一直给我灵感。他们让我相信传统与新型的经济方式混合所产生的职业模式非常适合我，对其他很多人来说也是可行的道路。在下一个十年，拥有副业就跟现代职员需要会打字、会发邮件那样，是必不可少的技能。令人欣慰的是，副业将会带来很多趣味。

给副业者的最强指导

- 许多副业者并没有辞去全职工作，他们的目标是一边工作，一边继续完成自己的追求。
- 面临意外失业的副业者，往往能够通过副业的力量重建自己的财务保障。
- 有些成功的副业者辞去了自己的全职工作，以便有时间发展自己的事业。
- 副业者不仅从建立财务安全中找到成就感，也从对他人生活产生的影响中得到满足感。

结 语

THE FUTURE OF SIDE-GIGS | **副业的未来**

开一家在线商店也许让人感觉有点过时,但事实上这件事又重新流行起来了。长久以来,经济变动让人们依赖副业提供安全保障。《牛津英文大辞典》在 1954 年第一次收录了"moonlighting"(兼职、私活)一词,用来指"日常雇佣之外的有偿性工作"。

在 20 世纪五六十年代,职场很大程度上还充斥着"听话的员工"思维,这一理念强调忠诚,以及集体凌驾于个人,通过兼职赚取额外的收入这种个人行为往往会得到负面评价。事实上,当时主流媒体提及"兼职和私活"都是用来描述对规则的破坏。1969 年,《纽约时报》报道了为避免潜在的利益冲突,公共服务部门的员工被法律禁止为私营企业工作。《纽约时报》报道了纽约警察被禁止在伍德斯托克音乐节上兼职,否则将被裁定违反相关规定。

对找兼职的批判性态度一直持续到迪斯科时代。20 世纪 70 年代早期,你更可能在犯罪类版块读到兼职的新闻,而不是在职业版块。显然人们对于在全职工作外赚取额外收入感到不舒服,兼职被妖魔化,与敌人或作弊同义。它扰乱了正常的秩序，受到权力阶层如老板和新闻编辑所抵制。

随着时代的发展，兼职不断走向主流，甚至被大众接受，至少是被那些试图提高收入的人所接受。媒体更关注监管者将会采取什么样的措施打击这种失控的行为。《美国银行家》（The American Banker）杂志开了一个专栏谈论如何阻止雇员们在闲暇时间做其他工作，措施包括为雇员们提供娱乐项目充实他们的生活等。国会通过了新法，禁止立法者（以及其他联邦政府雇员）从事年收入15000美元（现在是65000美元）以上的兼职工作（如演讲）。纽约的一个木匠工会通过了一项禁止兼职的新规则，尤其针对政府雇员，大概是因为兼职行为会抢走其他会员的工作。联邦审计人员抱怨说，一些与联邦政府机构合作的大学教授接了太多的兼职工作，以至于对政府的工作投入不足。1978年的一篇文章中，《新闻周刊》（Newsweek）认为教授做兼职顾问是"我国大学中一个日益严重的问题"。

流行文化也反映了副业只会带来麻烦这一信念。《玛丽·泰勒·摩尔秀》（Mary Tyler Moore Show）中的一个角色莫里想在附近一所大学教夜班课程增加自己的收入，但是却陷入了麻烦中。因为莫里工作的电视台禁止雇员从事兼职，在剧中，莫里无法处理好两份工作之间的关系，也反映了电视台的理念。与此同时，记者和编辑们开始意识到许多副业者的合法动机，他们只是想补贴家用。1979年《华盛顿邮报》的专栏描述了教师们薪水较低，不得不通过兼职来改善入不敷出的经济状况，还报道了一个小县城里大多数教师都需要同时从事两到三份工作。我在自己的杂志《美国新闻与世界报道》上也登载过一个发生在1979年的类似故事，为了应对物价上涨，一些家庭不得不从事兼职工作。这篇文章这样写道："外出工作的妻子、兼职、加班都是受生活所迫。"当时，这些都不是理想的情形，却是越来越必要的选择。

结语
副业的未来

1970 年对联邦就业数据的分析报告指出，家庭增加收入的首要选项是妻子参加工作或丈夫找一个兼职。事实上，丈夫做兼职比例的下降与妻子外出参加工作比例的上升同步。20 世纪 70 年代末，有约 6.2%的丈夫和 5%的总人口都有不止一份工作，因为所有人都想挣更多的钱。

副业为人们所接受并喜爱的第一个预兆来自《华盛顿邮报》1979 年 8 月时尚版。它报道了一个 42 岁的汽车销售员还做着一份"发型设计师"的兼职。正如报道中描写的："你可以通过不同的发型设计展现不同的自己。"这个汽车销售员不仅具有专业的发型师的技能，还能给客户提供个性化服务，于是获得了稳定的收入。

对副业文化抱有的这种更积极的态度持续到了下一个十年，在这十年中人们也迎来了从麦当娜到重金属摇滚的许多其他叛逆文化。整个 20 世纪 80 年代，新闻报纸和杂志随处可见美国人用副业收入支撑家庭开支的报道。《迈阿密先驱报》（*Miami Herald*）描述了一个商业经理用自己的职业技能帮助邻居提高旧物拍卖（以换取 10%的销售额作报酬）。新闻标题宣称"两份工作可以同时做！"1983 年，杰·大卫（Jay David）的指导书《如何玩转兼职》（*How to Play the Moonlighting Game*）出版，推动人们对副业的态度进一步转变。

尽管如此，许多故事依然强调多份工作的艰辛而非好处。在 1989 年《芝加哥论坛报》（*Chicago Tribune*）描写的一个故事中，副业意味着"生存"，特别是对于在副业中没有合作伙伴的单身女性而言。它描述了一位 30 岁的女人，白天是纽约证券交易所的销售助理，晚上则是厨师。她说："这让人筋疲力尽……但是一个单身女人要在纽约生活，你不得不具备经济学家般敏锐的头脑，兼职不可避免。"这篇文章还集中描述了在两份工作间周旋如何令人分身乏术，甚至援引一位职场心理学专家的话来说明这种境况导致了女性的疲惫和易怒。

　　同时，劳工统计局的报告还显示，同时从事多个工作的人数开始飙升，尤其是女性雇员的增幅最大。20世纪80年代强劲的经济增长意味着更多的就业机会，尤其是在经济复苏后的80年代早期，美国家庭收入因此增加。1980年至1989年间，从事副业的人数增长了52%，达到720万人，占总就业人口的6.2%，是过去三十年以来的最高水平。

　　有一种说法认为这种增长可以归因于女性参加工作的比例逐渐增加。女性从事多份工作的比例在80年代翻了一番，在1989年破纪录达到最高的5.9%（丧偶、离婚或分居的女性兼职率达7.2%）。根据美国劳工统计局的报告，80年代末有43%的兼职者是女性，而1970年仅为15%。最有可能从事副业的人群是35~44岁之间、家庭财务紧张的人，满足家庭开支依然是人们从事副业最常见的原因。

　　副业得到进一步支持是ABC电视台播放的一部由布鲁斯·威利斯（Bruce Willis）和斯碧尔·谢波德（Cybill Shepherd）主演的电视连续剧《兼职》（*Moonlighting*），这部电视剧进一步使兼职在美国主流文化中得到强调。谢波德饰演的角色在破产以后，去威斯利饰演的角色所经营的侦探社工作。正如本书提到的很多副业者一样，她平衡了自己的日常生活，获得了成功。

　　然后，在20世纪90年代，收入来源多样化的生活方式被广泛接受，甚至它的魅力也展现了出来：副业不再是杀手、罪犯的同类，而是有权有势的象征。主流媒体中第一次使用"副业"（side-gig）是在1990年的《芝加哥论坛报》上，用来描述畅销书作家斯科特·特罗（Scott Turow）的写作生涯相对于他的法律事业来说是一份副业。1999年，《首席执行官》（*Chief Executive*）杂志描述一位医疗主管在另一家公司董事会任职的情况为"副业"。

结语
副业的未来

与此同时，美国劳工统计局报道说，高学历、高收入的员工也最有可能从事副业。部分原因是他们拥有优秀的技能赚取足够的额外收入，也更希望能自由安排自己的时间。从事多份工作的人占比一直保持在 6.3% 左右，而在受教育程度最高的人群中，即拥有硕士或博士学位者，从事多份工作的人占比则超过了 9%。常见的兼职原因有支付房租、偿还债务、纯粹的享受、储蓄或想要建立自己的事业，副业正逐渐成为成功者而非失意者的象征。

大概在同一时间，职业规划专栏的作家们开始积极地建议读者们建立自己的副业。与此形成鲜明对比的是，1978 年《新闻周刊》的文章还认为大学教授兼职太多不利于跟联邦政府的合作，而 1996 年《高等教育：黑色特刊》（*Black Issues in Higher Education*）则宣称"兼职成就了教授"。教授们通过副业不仅提高了收入，在学术界也获得了声誉。1997 年《佛罗里达联合时报》（*Florida Times–Union*）的一篇报道中发问："程序员、木匠、园丁、外科医生、会计师都在做兼职，为什么你不去做呢？"同年，奈特李德尔报系的职业专栏作者埃米·林格伦（Amy Lindgren）开始传授寻找第二份工作的技巧和如何处理兼职带来的额外压力。1999 年，《乌木杂志》（*Ebony*）登载的"年轻企业家成功的秘密"一文强调了在全职工作的同时开启自己新事业的好处。

自称是兼职狂人的罗格·伍德森（Roger Woodson）在他 1997 年出版的新书《现代兼职：不用辞职也能多赚千万》（*Modern Moonlighting: How to Earn Thousands Extra Without Leaving Your Day Job*）中分享了他的建议。他写道："曾经有段时间，兼职意味着能力不足，现在情况完全相反。如今的兼职一族都把自己的空闲时间用来增加银行账户余额、发展新职业、开展新业务，在完成正式工作以外为自己继续工作并不令人羞耻。"除了白天在公司做水管工，晚上承担额外的管道工作，伍德森还有其他一系列副业：管道业务培训、婚礼摄影师、写作、宠物狗配种。虽然他的观点在读者中产生了共鸣,但也可以看出从他的书出版至今的 15 年中,情况已经发生了巨大的改变:他关注邮件销售而非互联网销售,关注劳动密集型工作,如洗尿布或销售二手衣服而不是创造性服务,显然后者在如今更受欢迎。

进入 21 世纪的头十年,我们又看到对兼职的一些担忧,尤其是公司担心副业会使员工无法全身心地投入到工作中去。"不允许工人因兼职而影响公司利润。"2001 年一本贸易类出版物上刊载的文章发出了这样的警告。2003 年,《华盛顿邮报》职业专栏作者玛丽·埃伦(Mary Ellen)提醒读者尤其是兼职一族们要记住:"要把主业当作主业。" 2006 年,另一份贸易杂志宣称:"让我们结束兼职。"这种反弹表明了多个收入来源的概念已经如此坚定地深入到文化中,已经成为许多美国人的生活方式。

如今,许多大学新生认为不论从事哪一种全职工作,他们都会从事一份副业。由口碑营销协会和青年企业家理事会发起的 2011 年青年创业研究发现:16~39 岁之间的受访者有 36% 为了取得更多的收入,已经开始从事副业。这些副业包括自由职业、eBay 商店、辅导、烘焙、网页设计等。

这一现象有助于我们解释为什么今天副业文化能够蓬勃发展。联邦统计数据显示,20 世纪 90 年代我们第一次看到的兼职人数高峰现象还在持续,特别是对于高学历人群。如大都会人寿调查等一些小规模的调查中显示的,这一比例甚至比 20 世纪 90 年代更高。

职场中的 B 计划已经成为信条,无处不在。最近一次坐出租车时,我碰上一个很友好的司机问我关于工作的事,他说:"如果被解雇了,你会怎么做?"他解释说,和他一样开出租车的司机朋友在移民美国前都是训练有素的医生和工程师,来美国后找不到对口专业就业,就来开出租。他说,每个人都需要一

结语
副业的未来

个职场后备计划。

说唱歌手"滑头恶棍"（Slim Thug）在 2012 年出版的个人理财电子书《如何在经济衰退的时代生存》（*How to Survive in a Recession*）中表达了同样的观点，这本书主要是为其他嘻哈艺术家写的。"一种赚钱的方式肯定不够，"他写道，"如果你在 7-11 便利店工作，在你休息的时候可以找到其他赚钱的途径，包括卖 DVD 光碟、体育用品或其他你觉得容易销售的东西，不要把所有的鸡蛋放在一个篮子里。"

副业获得了如此多的衷心拥护，这让我们很容易想象有一天副业的发展将比今天更广泛，它将和智能手机、电子邮件一样无处不在。思想进步的大学职业规划办公室将强调学生如何通过创业项目发展自身的技能，而不是紧张地关注企业招聘和职位空缺。大学毕业生们也能够期望把传统的办公室工作与闲暇时候的自由职业相配合。全职工作和副业间来来回回的跷跷板可能在人生的某个阶段会偏向一边：年轻人可能更希望多从事一些副业用来补充相对较低的收入、获得经验或者在没找到全职工作的情况下支撑自己的生活；而当孩子出生后，父母可能会缩减全职工作的时间，这个时候为了弥补较低的工资和更灵活的工作时间会寻找一份副业；退休者可能会多做些副业以补充退休储蓄或想退休后仍然能从事自己熟悉领域内的工作，后者常常出现在他们被迫提前退休的时候。

结果我们经常会看到双面的名片，一面介绍全职工作，另一面则介绍副业，名片上一般还列出了主业与副业的社交媒体账户或无缝融合了双重身份的个人网站。员工将要求更灵活的时间安排和公司规则，这样就能为他们的副业留出时间，公司可能会默许，因为这种灵活性也将为公司带来好处，通过这一些措施留住最优秀员工的同时，他们也获得了新技能。更详细的工作政策不仅能提

斜杠创业家

供这种弹性,也可以最小化公司与员工间的利益冲突。

我们还期待看到更多支持副业的组织、协会、脸谱网页面、Meetup 群,他们将给副业者们带来友情、营销援助、头脑风暴。借助手机应用和规划工具,人们能同时扮演多个角色,也能够用周末或晚上的时间来随时工作。正如前任预算管理办公室主任彼得·奥斯泽格(Peter Orszag)最近呼吁的,美国劳工统计局可能会利用更丰富的技巧收集同时从事多份工作的人的全面信息。最重要的是,也许任何对副业的歧视或尴尬情绪都会消失,正如政治家和经济学家认识到的,副业将不仅对个人经济状况有帮助,也将成为我们国家经济中越来越重要的部分。

在我第一次对这些副业者进行采访的几个月后,也就是在我快要完成本书写作的时候,有些副业者更新了自己的观点,新的观点更加重视保持灵活性和主动适应经济环境与自身的生活环境。以下是他们的故事:

克里斯·富林,本书第 1 章提到的糕点师。相比于 2011 年秋天我第一次造访他时,他的蛋糕业务已经显著扩大。于是现在他不得不搬到马里兰州肯辛顿市的一个面包店里。除了订制蛋糕业务,他还开始销售饼干、杯子蛋糕。他说:"网站上的推荐和评论让我订单不断,电话和电子邮件应接不暇。"他雇用了一个工人,还买了一辆冷藏货车用来送货。他把成功归功于在自己熟悉的领域里做生意,在他父亲的熟食店工作了很多年以后,他对这份工作已十分了解。还有他的妻子道恩,她利用自己的营销知识帮助克里斯建立了网站。

妮科尔·克里马尔迪·埃梅里克,MsCareerGirl.com 网站的创始人,也在第 1 章里介绍过。她如今建立了第二个公司——MCG 媒体公司,提供互联网

结语
副业的未来

媒体服务。在被公司意外解雇后，她开始接受自己全职创业者的身份，但她最终依然决定找一份收入更稳定的全职工作，同时把创业作为副业。她说："创业很艰难，但这一年中我也学到了很多，比如如何做好财务管理、什么是创业以及认识到更大的公司在资源上的优势。"她最近找到了一份新的全职工作，在芝加哥一家数字服务机构里担任高级社交策划师。很大程度上依赖于创建了两家致力于品牌社交媒体宣传活动的公司，她成为这家机构第一个也是唯一一个社交媒体专家。她说："如果不是之前创业的经历，我没法确定我能适应现在这个新工作的要求。"

埃米·斯特林格－莫厄特是第 2 章中提到的 Etsy 卖家，正是她启发我在 Etsy 上开店。在过去的一年中，她的销售额增加了一倍。如今她和丈夫推出了自己的网站 www.aheirloom.com，用来完善他们的 Etsy 店。他们的店最近接受了《时代》杂志的报道，另外他们还有好几样新产品在生产中，发展势头良好。

埃米莉·比奇是第 2 章和第 3 章中提到的曲棍球教练和训练棒发明者，她继续推广"运球博士"球棒，还开始推出室内用训练球棒。她忙于曲棍球教练的全职工作，总是想方设法挤出时间同时发展自己的个人事业。

梅甘·莫伊尼汉·卡拉韦是第 4 章中提到的自由职业者，她已经实现了自己的梦想生活：她和丈夫冬天在怀俄明州的杰克逊霍尔镇滑雪，其余时间则在纽约度过。基于四个稳定的客户，她逐渐建立起了自己的客户群，其中包括一家爱尔兰婴儿用品公司。梅甘将自己的公司命名为"卡拉韦通讯"。她说："我的业务量现在已经达到能力顶点，目前是全负荷运转，所以我只想接受规模小的新客户，而且我可能会提高收费标准。"她宁愿保持现有的规模，而不是招聘员工或与其他自由职业者合作。目前的业务量还能允许她过想要的生活：她和丈夫正计划在杰克逊霍尔的滑雪季结束后开始一次为期三周的夏威夷之旅。

梅甘说："从早上 8 点到中午我们会处理一些工作，下午则去冲浪。"

埃米莉·米特纳是纽约创意实习生公司的创始人，在本书的第 4 章中出现过。一开始，她缩减了用于全职工作（在 RecordSetter.com 网站做社区管理员）的时间，更专注地去打造纽约创意实习生公司。最后，她索性放弃了全职工作。"我们庆祝纽约创意实习生成立两周年的时候，很多人来参加，也有很多人希望跟我们合作，我觉得正是发展的好时候。"她如是说。虽然纽约创意实习生公司还没有为她带来利润，但是通过一些与此相关的副业，埃米莉足以供养自己，比如去大学里演讲或参与社交媒体管理、职业生涯管理等。

本书的第 5 章里曾介绍过 DesignedGood 公司的联合创始人**凯蒂·加思莱特**。随着公司网站的推出，她现在的发展也是风生水起。她的公司已经向会员出售了巧克力、围巾、价格公道的足球和其他诚信经营的产品。她和合作创始人都在忙着上线更多品牌，参加各类行业论坛，加大对公司的宣传。

第 5 章的**彼得·戴维斯**是 CommonPlace 网络社区建设网站的创办人，他还是位大学生，但是他的事业却处于快速发展期。CommonPlace 已经普及到 20 个城镇，下一步还计划覆盖到马萨诸塞州的每一个镇。他和他的团队还通过网站的"本地市场"版块获得了收入。在这个版块上，人们可以购买家具、优惠券、日常服务、门票等。他说："从促成的交易中抽取一定比例的手续费，就能用来做很多事，比如增加收入、去掉网页上的横幅广告，支持本地业务和服务商的发展。"他的团队目前也正寻求与一些更大的组织，如新闻出版商、儿童社团建立潜在联系。

我们曾在第 6 章介绍过的专业歌剧演员**杰西·巴登－坎贝尔**，辞掉了会议策划师的工作转而成为一家生产性企业的全职生产协调员。她还每周日去教堂里演唱，为她孩子的学校做表演。但是因为新工作的缘故，她唱歌剧的时间缩

结语
副业的未来

短了。但她依然会在空闲的时候练习歌剧，比如放弃午餐时间在停车场练习。

当第6章的**科琳娜·德兰尼**正努力更新自己的网站、寻找新的客户的时候，她的母校詹姆斯麦迪逊大学邀请她在2012年秋季返校活动中演唱国歌。科琳娜穿着一身鲜艳的红色大衣站在25000名学生和校常委会面前，在学校的乐队伴奏下唱歌，体育场的超大荧屏上还播放她的影像。"这次体验真的超棒！"科琳娜说。作为一项副业，她还参加了许多其他小规模活动。

第6章中发明婴儿学步车的**杰弗里·纳什**说，虽然他的收入还没有达到期望的每年25万美元，但他的公司能够给他退休带来的保障依然远比在男装店工作时更大。他正在改进这种婴儿学步车并与其他公司接触，以求增加销量。

第6章提到的教授、作家、演讲家**埃博妮·厄特利**非常喜欢休假，她说希望假期可以永远持续下去。埃博妮推出了她的第一本书《说唱和宗教》，而且还开始了下一本书《无神论的阴影》的写作。通过做演讲赚钱的机会并没有达到她的预期，她把这归结于当下的经济环境不好，但她依然在努力建立自己沟通专家的声誉。

我们在第7章介绍的记者兼即兴喜剧演员**本·博肯**被裁员后去了NBCNews.com网站担任高级职业作家、编辑。他也成为一个父亲，决定停止即兴喜剧演员的副业。"我喜欢即兴喜剧表演，但我不确定还能不能回到这个行当，即兴表演的这段经历很短暂，但是当我离开的时候觉得花了这么多时间没留下什么痕迹似乎有点傻。"肩负父亲的责任，做着一份全职工作，他说如果有时间钻研喜剧，他可能会去从事喜剧写作或喜剧视频创作的工作。对他而言，从自由职业者到办公室职员的转变倒挺令人开心的："知道我自己有一份稳定的收入为依托和一个安稳的职位，缓解了我的一些焦虑情绪，也让我们能为未来做更长远的计划。"

杰森·尼古拉斯是第 8 章中介绍的一位兽医，他通过 Indiegogo 众筹出版与宠物安全相关的书籍。最终，他募集到了 15000 多美元，完成了书籍出版和销售。最近，杰森把书稿投给了出版社，也有一些人开始预定他的书。他已经完成了狗狗安全的书，接下来他将继续完成猫咪安全的书。

杰夫·弗雷德里克在第 9 章中利用 Elance.com 开始了自己的自由职业，并因此度过了失业期，但是他找到全职工作之后还在接一些兼职业务。Elance 上的客户邀请他去内布拉斯加州参观一座依据他的设计建造完成的房子，他也从 Elance 上接到了一项新业务，就在他密歇根州的家附近。他说："同时承担全职工作和兼职工作确实让人感到时间紧张，压力很大。但也有收获。如果我对客户坦诚相待，告诉他们我是利用晚上和周末的时间处理他们的项目，他们其实相当理解我。"

自从我开始自己的第一份副业以来，我的生活发生了很大的变化。我在 Etsy 上开店后的第一年，我的孩子尼尔出生了。美满的四口之家让我想要挣更多的钱，虽然这很难。当我休产假照顾尼尔的时候，我会在尼尔睡着后，继续为副业的顾客服务。尼尔慢慢长大，我的店铺和收入也在持续发展。

副业者们像堆积木一样，推倒旧业务、重整新业务，把不同的技能、激情、追求相互混合、匹配，如同堆积木一样在一个项目轰然倒下时创造出另一个新的收入流。这种灵活性还带来了一个结果：不让外部经济环境的不稳定影响自己的生活。

副业指南　　练习和工作表

即使你已经有一份副业，思考下面这三个问题也能给你带来压倒性的优势。

从哪里开始？

应该做些什么？

如何管理时间？

本书的这部分内容可以作为你打开副业之门的钥匙，旨在帮助你形成副业想法、做好启动副业规划，以及修正规划。

如果你仍然对创业项目持观望态度的话，那么"准备好开始你的副业之行了吗？"这一部分可以帮助你决定当下是否适于推进副业。如果你不确定什么类型的副业对你的人生来说最有意义，那么"寻找适合你的副业"这一部分的工作表可以为你指引正确的方向。当你制定自己的副业发展路径时，"建立计划""受众追踪记录表"和"善用金钱"三部分的工作表将帮助你走上正确的副业发展轨道，最终实现财务自由。

指南部分包括 5 个部分：

准备好开始你的副业之行了吗？

寻找适合你的副业

建立计划

营销工作表和受众追踪记录表

善用金钱

副业指南
练习和工作表

准备好开始你的副业之行了吗?

只要回答"是"或"否",能帮助你衡量自己是否已经准备好开始崭新且有利可图的创业之旅。

1. 你是否担心失去工作?

2. 你是否希望赚更多的钱?

3. 你的全职工作和个人生活是否稳定,能够让你每周至少能投入 1~2 小时到新的事业追求中?

4. 你是否拥有一个可以发展为副业的业余爱好?

5. 你是否有一些特别擅长的事情,人们经常会来寻求你的意见或指导?

6. 你是否具备一种日常技能,而这种技能恰好对他人来说是极具价值?

7. 你是否喜欢自我营销,并主动在网上接触他人?

8. 你的工资收入是否停滞不前?

9. 你是否准备好自我投资,并想尝试一种新身份——比如企业家?

10. 你是否相信自己可以在未知的领域贡献有用的东西?

如果对于以上的大多数问题,你的答案都是肯定的,那么恭喜你,你已经准备好成为一名副业者了。接下来,"寻找适合你的副业"这一部分将帮助你瞄准自己最理想的追求。

寻找适合你的副业

想从事副业，却不知道如何下手？下面的工作表将会帮助你整理出6个主要的副业选择，包括：创造产品、提供服务、经营企业、帮助他人、从事体力工作和表演。

创造产品：你是否拥有一些独具匠心的想法或爱好？如果是，请在此处罗列。

1. _____
2. _____
3. _____

你能想象根据这些爱好创造出产品并进行线上或实体销售吗？

如果你喜爱写博客、烹饪、发明、写作或其他的创造性追求，你同样可以找到一种从中获利的方式。伴随着 Etsy 和亚马逊市场等网站的发展，与过去相比，现在更容易进行线上销售，并通过社交媒体找到买家。创造产品是通过副业赚钱最常见的一种方式，例如做 APP 的夫妻搭档（第2章），曲棍球训练棍的发明者埃米莉（第2、3章）和少儿图书作家卡利·李（第3章）。在"最顶尖的50种副业"列表中，相关的副业：面包师（第12个），画家（第27个）和花商（第32个）。

提供服务：你是否在全职工作中逐渐培养起来一些技能，而一般人很难获得这些技能并且它们极具价值？如果是，请在此处罗列。

副业指南
练习和工作表

1. _____
2. _____
3. _____

在你罗列在上面的技能中，圈出对其他人而言最具价值的一个。

这一类别的副业选择包含广泛的技术性工作，同时也最有可能涉及需要某种许可证或特殊培训的副业。（为了避免违反任何法律，第一步你需要核实你政府对该副业是否有特定的要求。）例如：法律服务、金融服务、市场营销、安全服务、信息技术服务、美容护理与按摩等。凯莉·奥菲从事理发工作（第2章），税务专家贾森·毛力纳克为客户提供专业知识（第3章），露辛达·莱昂－威登（Lyon–Vaiden）做按摩与针灸工作（第5章）。在"最顶尖的50种副业"列表中，相关的副业包括：金融服务供应商（第3个），法律服务供应商（第4个）和化妆师（第49个）。

经营企业：你喜欢管理人员、资金和项目吗？成为一个小型企业主的想法是否吸引你？你能想象自己经营了一家什么类型的企业吗？何种企业能最充分地利用你现有的人脉、经验和资源？请在此处罗列潜在的业务或企业。

1. _____
2. _____
3. _____

这一类别的副业适合想要做管理的人，因为他们喜爱小企业主那种自由和挑战。通常，这种想法源于一个临时的副业，可能是与创造或服务相关一个工作,然后逐渐成长为一个成熟的企业。例如:蛋糕师克里斯·富林(第1章)、珠宝首饰店老板埃丽卡·萨拉(第4章)以及艺术画廊老板斯蒂芬妮·西欧多尔(第6章)。几乎所有的"最顶尖的50种副业"都能发展为成熟的企业。

帮助他人:与别人相处是否会令你精力充沛?和他人一起开展什么类型的活动对你来说是快乐的,对他人来说也是有益的?请在此处罗列。

1. _____
2. _____
3. _____

在上面罗列的活动中,圈出你认为别人愿意雇用你的几项活动。

如果你更愿和他人共处,那么与他人合作的副业更适合你。教学(正如第6章中梅利莎·范·奥曼在一所大学中教学)、教练工作(如第3章中悉尼·欧文的副业)或咨询(如第1章中塔拉·金泰尔的副业)都是常见的选择。一对一地与客户或学生合作,与他们分享自己的专业知识,能让人获得强烈的自我满足感。在"最顶尖的50种副业"列表中,相关的副业包括:社交媒体顾问(第5个)、生活导师(第18个)以及教育和培训顾问(第14个)。

从事体力工作:你是否觉得体力活动能给你带来快乐和满足?在此处罗列对你有吸引力的体力活动。

1. _____

2. _____
3. _____

在你列举的活动中有哪些可以作为一项服务，向他人收取费用？请圈出其中有潜在利润的体力活动。

如果你喜爱体力工作，赚钱的机会就非常多了。因为很多人愿意外包工作，或至少是想寻找他人帮忙，比如园艺和遛狗。第2章中塔拉·霍伊泽尔从事宠物照料的工作，第6章中尼古拉斯·伊格纳西奥开创了草坪护理服务公司。在"最顶尖的50种副业"列表中，相关的副业包括：杂务工（第22个）、家装布置（第33个）以及私人购物助理（第35个）。

表演：你有独特的表演能力与天赋吗？人们愿意付费去看你的表演吗？请在此处罗列这些独特的技能和才华，并思考这些表演的潜在受众群体有哪些。

1. _____
2. _____
3. _____

有独特天赋与才能的人往往都能找到付费观众或赞助商，比如：歌手、笑星、专业运动员和小丑。比如：第6章中的杰西·巴登－坎贝尔演唱歌剧，阿莉莎·威廉姆斯跑步。在"最顶尖的50种副业"列表中，相关的副业包括：主讲人（第20个）、喜剧演员（第43个）以及音乐节目主持人（第31个）。

THE ECONOMY OF YOU

斜杠创业家

建立计划

这份清单将指引你一步步地把副业想法转变为一个稳固的收入来源。

1. 找到最能激发你前进的动力

☐ 为什么你希望自己的副业能获得成功？

☐ 你最近是否经历过重大的人生变化？

☐ 你觉得经济压力大吗？

2. 选择一个与你的背景、生活方式和个性最匹配的副业

☐ 浏览"最顶尖的 50 种副业"列表以及其他创业者的网站（如 Etsy.com，Freelancer.com 和 Craigslist.org），看看什么样的产品和服务最吸引你。

☐ 使用上一部分"寻找适合你的副业"中的工具。

☐ 对你所选的副业进行试验，通过博客、推特以及其他已有的网站展示你的产品或服务，看看你是否有潜在的买家。

☐ 采取其他的一些辅助措施，比如做一个与你副业想法相关的博客。

3. 掌控自己的财务状况

☐ 重新检查你的财务状况，特别要关注财务负担较重的事项。你是否需要把重点放在缩减开支或偿还债务上？你是否有一个紧急储蓄账户，这个账户是否有至少够你三个月开销的存款？

☐ 使用免费的在线工具，如 Mint.com 来建立自己的预算和储蓄目标。

☐ 制定一个计划来偿还负担沉重的债务。

副业指南
练习和工作表

☐ 增加储蓄以带给自己更多的灵活性和心灵的安宁。当你开始从副业中获利的时候，请将那部分副业收入储蓄起来，并仔细盘算副业开创过程中的任何开支，以达到减税的目的。

☐ 填写 197–198 页的"善用金钱"的工作表。

4. 寻找有相似副业追求的朋友

☐ 阅读与你的副业相关的博客或网络论坛。

☐ 从 Meetup.com 网站或其他线上协会上寻找与你从事类似工作的人，并加入他们。

☐ 创建一个推特或其他社交媒体账户来建立工作联系，在上面转发别人的想法，回答他们的问题，给他们点赞，并与你所在领域的精英人士勤沟通。

5. 通过博客、推特和其他线上工具大力推广副业

☐ 改造自己的社交媒体：每天花费 5~10 分钟通过社交媒体发送相关消息。

☐ 审视你的品牌：对你的名字进行网络搜索，查看人们能在线上了解到你哪些方面的特性。

☐ 在社交媒体账户的简介中，标明自己的副业，这有利于宣传你所提供的产品或服务。

☐ 将你的理想客户或顾客做成一个列表，并进行针对性的宣传。196 页的受众追踪记录表可以为你提供帮助。

6. 每周挤出时间经营副业

☐ 将家务安排得井井有条，这样就能尽可能少地节省花在家务上的时间，

也就有更多的时间投入到你的副业中去。

☐ 在家中留出一块空间专门供你进行副业工作，即使在一个壁橱或角落也没有关系。

☐ 每天提前半个小时起床，并将这段安静的时间投入到副业追求中，或者利用每天午餐时间发送电子邮件，撰写博客文章或发表推文等，挤出时间来推广自己的副业。

☐ 可以借助每日计划软件、某些 APP 谷歌日历，制定一个最适合自己的日程安排。你生活中的方方面面都要按照这个安排来执行，包括全职工作、副业、家庭和家务操持等。

7. 想方设法让自己的适应力变强

☐ 学会如何在失望时让自己振作起来。

☐ 学会照顾自己，健康饮食，加强锻炼，保证充足的睡眠。

☐ 利用自己的支持网络，无论是家庭成员还是线上的虚拟朋友，来帮助你度过艰辛的日子。

8. 帮助他人

☐ 回复向你请教咨询的邮件，即使是简短的回复也没有关系，尽可能地帮助他人。

☐ 聘请其他副业者做一些你自己不能做的事情，如网页设计或者市场营销。

☐ 通过社交媒体账户或博客让自己成为一个有用的信息源。

9. 做长远的规划

☐ 思考你希望如何发展自己的事业，是最终出售给他人或其他公司，还是保持小规模经营，抑或是扩张规模雇用更多的员工？

☐ 你是想让副业一直作为一份兼职存在，还是想在未来辞掉全职工作，全身心投入到副业工作中？

☐ 思考你的副业最终能带来什么，在此基础上你是否想对它进行调整，还是只是添加一些慈善元素。

THE ECONOMY OF YOU
斜杠创业家

营销工作表

回答以下问题将帮助你定位自己的目标客户。

1. 我的理想客户是哪些人？他们经常访问哪些网站和博客？

2. 我必须向他们提供什么产品和服务？这些产品和服务是如何帮助到他们的？

3. 我为什么要建立这份事业，是什么在激励着我？是否有故事可以与我的潜在客户分享？

4. 有哪些现有的资源、朋友和交情可以帮助我找到理想的客户？

5. 我梦想得到哪些知名网站、博客或出版物的推荐？

使用以下的受众追踪记录表，能够帮助你有条不紊地开展工作。

受众追踪记录表

受众列表（姓名）	跟踪（日期）	回应（是/否）	成功（是/否）

副业指南
练习和工作表

善用金钱

回答以下的这些问题能帮助你掌控自己的财务。

未来 5~10 年内,你主要的财务目标是什么?(例如:偿还债务、买房、存款 30 万)

1. _____
2. _____
3. _____
4. _____
5. _____

财务保障对你而言,意味着什么?
_____
_____
_____

为了实现财务保障,你需要采取什么行动?

1. _____
2. _____
3. _____

怎么做让自己变得更节俭?你的钱都浪费在了生活的哪些方面?

1. _____
2. _____
3. _____

斜杠创业家

你有哪些好的财务习惯想在未来继续保持?
_____
_____
_____

你可以用来自副业的额外收入做些什么?
1. _____
2. _____
3. _____

你目前的财务状况如何?在下面的每个类别中,写下你在该类别最大的挑战、目标和进展。

储蓄:_____
_____
_____

收益:_____
_____
_____

债务:_____
_____
_____

副业指南

练习和工作表

投资：_____
_____
_____

其他：_____
_____
_____

当前资产净值：_____
_____
_____

目标资产净值：_____
_____
_____

附录 A
最顶尖的 50 种副业

基于主客观相结合的评价方法，本文选出 50 种副业并为它们做了排序。一开始，我在美国劳工统计局的网站上收集了所有公开披露的同时拥有多份工作的从业者信息。美国劳工统计局提供了几百种不同职业和行业的有用信息，包括每个从业者做了什么工作，以及他们的工作动机。劳工统计局的职业展望手册上同样包含了关于就业增长、职位描述和就业培训要求等详细信息。

我还通过其他渠道阅读了相关的报告，包括 Freelancer.com、Elance.com 和 Payscale.com 网站的信息。这些网站是了解成千上万从业者的就业习惯的很好的信息渠道。基于这些信息来源，我先草拟了一个列表，将最热门、收入最高、起步最低的副业先行列出，然后对副业者和职业规划专家进行访谈，进一步充实了这个列表。

由于该列表横跨了从农业到科技的各个领域，本书将重点介绍那些最吸引受过教育、精通网络且需要额外财务保障的人群的副业。它们的共同特点是低进入门槛、高收益潜能。这就是在这份列表上你找不到许多低工资水平的副业

附录 A
最顶尖的 50 种副业

的原因，但你会发现这些工作具有可扩大的优势和带有副业者独特标记的品牌效应。毕竟，正如本书所说，这正是副业成功的秘诀所在。

顶尖副业名单

1. 网页设计师
2. 营销顾问
3. 金融服务者
4. 法律服务提供者
5. 社交媒体顾问
6. 健身教练
7. 作家
8. 厨师
9. 平面设计师
10. 建筑师
11. APP 开发者
12. 蛋糕师
13. 配音演员
14. 教育培训顾问
15. 室内设计师／装饰师
16. 插画家
17. 景观设计师
18. 生活导师
19. 网页开发者
20. 主讲人
21. 园丁
22. 勤杂工
23. 职业规划导师
24. 文身艺术家
25. 活动策划者
26. 宠物保姆
27. 艺术家
28. 在线社区创建者
29. 特定软件顾问
30. 瑜伽老师
31. 音乐节目主持人 DJ
32. 花商
33. 家装组织者
34. 歌手／音乐家
35. 购物助理
36. 视频编辑师

37. 保姆　　　　　　　38. 建筑工人

39. 舞者/演员/演奏者　40. 营养学家

41. 博　主　　　　　　42. 数据输入员

43. 喜剧演员　　　　　44. 广告文字撰稿人

45. 搜索引擎优化顾问　46. 信息技术顾问

47. 家庭教师　　　　　48. 家庭保洁

49. 化妆师　　　　　　50. 婚礼司仪

1. 网页设计师

网页设计师需要兼顾网页开发的技术性和艺术性。这意味着他们建立网站时要既要功能合适，又要美观。当下，从大公司到小小的自由职业者们都需要网站，对网页设计的服务需求因此十分旺盛。这就是 Freelancer.com 网站将网页设计师列为发展速度最快的职业之一的原因，在 2012 年第一季度，Freelancer.com 网站发布的网页设计师职位就超过 10000 个。根据 PayScale.com 网站的工资数据，自由网页设计师平均每小时工资为 30 美元，相当于年薪约 60000 美元。对任何一个经过工作和实践磨炼，已经掌握了技术和设计技巧的人来说，这个职业的起步门槛很低，它不需要高学历、正规培训或执照。

最适合人群：周末有空闲的网页设计师和精通 html 语言者

信息来源：Freelancer.com，Meetup.com，WebProfessionals.org

2. 营销顾问

营销顾问的工作是帮助人们宣传产品和服务。这份工作会接触到知名博主、社交网络大腕、媒体以及其他可能对客户的宣传有帮助的群体。除了为公

附录 A
最顶尖的 50 种副业

司和一些小企业工作外，他们还经常受到一些想扩大名气的个人的青睐。根据 Payscale.com 的工资数据，兼职或个体经营的营销顾问的平均时薪为 50 美元，公共关系营销顾问的时薪可以达到 59 美元。这份副业的启动成本很低，然而作为一名营销顾问需要具备足够的信心和精力建立经营新的人际关系，需要善于与人接触并熟悉社交网络，如推特和脸谱网，但这份工作没有高级培训或学位要求。另外，营销顾问的时间成本很大，你需要接听大量电话、处理大量电子邮件、花时间研究社交网络等。

最适合人群：性格外向又懂社交媒体，并喜欢与他人一起工作或帮助别人的人。

信息来源：Elance.com, Meetup.com, 美国市场营销协会, 互联网营销协会, copyblogger.com。

3. 金融服务者

从事金融服务的副业者包括税务、会计、公司金融专家、理财规划师以及其他形形色色的专业服务者。几乎所有的金融服务者都需要高级培训和执照，这就是为什么许多人在这个领域除了有一份全职工作，还会从事副业为客户提供专业服务。金融服务者的薪酬随专业服务不同而异，但普遍都比较高。PayScale.com 的报告显示，兼职或个体经营的注册理财规划师平均每小时的工资在 60 美元以上，注册会计师为 40 美元，簿记员大约 19 美元。金融服务者倾向于从事以客户为基础的工作，这意味着他们可以规划自己的时间，自主决定接手多少项目。这份工作的启动成本中等偏高，许多金融服务者，包括注册理财规划师和公共会计师都需要持有营业执照。

最适合人群：有执照的金融专业人士，并且有时间、精力，可以自由地处理全职以外的客户业务。

信息渠道：个人财务咨询师全国协会（NAPFA），金融服务协会

4．法律服务提供者

律师的工作并不限于公司办公室，他们还会接手一些兼职，小到审查合同，大到为企业做咨询顾问工作。律师行业的教育门槛比较高，但是他们也拥有副业领域里最高的时薪，来自 PayScale.com 的报告显示，以兼职的或个体经营方式工作的律师平均每小时可以赚 147 美元，这比其他副业都高。大多数自由职业的律师收入都依赖于个体项目，所以副业律师通常能自主决定他们的工作时间。然而这份副业的启动成本相对较高，除了法学学位外，还需要律师在专业的律师事务所内实习或工作以积累经验，此外大多数国家都要求律师至少每三年对他们的法律知识进行一次更新。

最适合人群：爱好法律且在全职工作外有时间接手额外工作的律师

信息渠道：美国律师协会，FreelanceLaw.com，国家自由职业律师协会

5．社交媒体顾问

社交媒体顾问一般比其他任何人都更了解脸谱网、推特、领英、Pinterest 以及其他社交网站，这就是为什么大公司、小企业，甚至自由职业者们都雇用他们来加强外联工作。和部分营销顾问（第 2 个副业）、企业家和数字技术专家一样，社交媒体顾问也是随社交网站用户量的增长而增长。与推特、脸谱网等网站相关的工作职位在 Freelancer.com 网站非常热门且发展速度很快。根据 PayScale.com 的工资数据，兼职或个体经营的社交媒体经理平均每小时能赚 20 美元，这相当于年薪 40000 美元。这份副业往往是以客户和项目为基础展开，

附录 A
最顶尖的 50 种副业

意味着副业者可以根据需求扩大或缩减工作量。社交媒体是一个全新的领域，美国劳工统计局甚至没有将它列为一种独立的职业。这份副业的启动成本很低，社交媒体专家只需要有网络连接到社交媒体网站。

最适合人群：资深的推特和脸谱网网站用户，期望有效利用自己的知识的人

信息渠道：Mashable.com，ProBlogger.net，AlexisGrant.com，lkrsocialmedia.com，SocialMediaToday.com

6. 健身教练

从举重到健美操，再到拳击，健身教练能够对多种健身项目进行教导。他们自己往往有着十分健康的身体，毕竟他们自己的身体就是最好的营销工具。很多副业健身教练都有一份与健身毫无关联的全职工作，而健身这份副业对他们来说是一个很好的机会，能有效利用他们强健的运动优势。另外，客户通常是在下班后（或上班前）或者周末上健身课，这份副业于是能很好地与标准的朝九晚五的全职工作相协调。PayScale.com 网站的工资数据显示，兼职或个体经营的团体健身教练（带领一个班级或一个团体）的平均时薪为 25 美元左右。私人健身教练通常提供一对一辅导，时薪也更高，在 38 美元左右。这份副业的启动成本较低，当然获得专业资格认证的健身教练会更受客户和健身房的欢迎。

最适合人群：外向、喜欢运动的上班族，并且喜欢花费更多的时间在健身房里，帮助他人保持健康

信息渠道：全国私人教练联合会，美国健美操与健身协会（AFAA）

7. 作家

　　这里的作家是指通过各种渠道运用文字来谋生的一种职业，包括给人代笔、指导写作技术、创作电子书、给杂志写文章等。一般来说，在这类群体中，技术作家往往薪酬最高。与之密切相关的副业是列表中的第44个副业，广告文字撰稿人。这是在线招聘中发展速度最快的职业之一，但它专指以销售产品和服务为目的而进行文字写作的作家。根据 PayScale.com 网站的数据，兼职或个体经营的技术作家平均时薪为 36 美元，而其他类型的作家或作者的时薪在 27 美元左右。相关的工作还包括文字编辑和校对，时薪在 24 美元左右。这份副业的启动成本很低，甚至为零，只需要一台连接互联网的笔记本电脑就能成为一名作家，并且往往能自主设定自己的工作日程。

　　最适合人群：喜欢写作，并且喜欢在线上宣传自己的作品及自我营销的群体

　　信息渠道：Mediabistro.com，Elance.com，美国记者和作家协会（ASJA），prowriters.org，自由编辑协会

8. 厨师

　　正如美食频道听众所知悉的那样，厨师的任务就是为客户准备菜单并提供餐饮服务，这些客户既包括餐厅的客人，也包括因忙碌而无暇顾及家务的家庭。虽然每个人都能通过观看烹饪节目或视频来获取基本的烹饪技巧，但厨师往往要求在烹饪学校和学徒式培训项目中接受过培训。在 PayScale.com 网站对于薪酬最高的兼职工作的排名中，出现了两种不同类型的厨师：一种是行政主厨，行政主厨通常在餐厅或其他大型厨房工作，平均时薪为 24.6 美元；另一种是私人厨师，通常直接为个体客户工作，时薪在 20.1 美元左右。该副业的时间

附录 A
最顶尖的 50 种副业

成本较高，因为烹饪本身是一个劳动密集型的工作，厨师必须要根据客户的时间来安排自己的工作日程。

最适合人群：技艺娴熟的家庭厨师，并且梦想跟整个世界分享自己的厨艺

信息渠道：美国烹饪联合会，美国私人厨师协会

9. 平面设计师

与网页设计师（第 1 个副业）和插图画家（第 16 个副业）紧密相关，平面设计师为网站或印刷品提供设计理念。具体来说，他们要思考用什么颜色和样式代表一种品牌最为合适，并将自己复杂的理念和想法通过视觉化的方式表达出来，这种方式对读者或观众来说是极具意义的。除了技术和艺术技巧外，他们还要知道如何与人共事，因为这份工作是以服务客户为根本，首要任务就是要了解客户的需求和偏好。根据 PayScale.com 网站的工资数据，兼职或自由职业的平面设计师的平均时薪在 30 美元左右。平面设计师的具体工作基于项目，因此可以相对容易地扩大或缩减工作量。虽然大多数平面设计师在高中或大学都主修艺术和设计专业，但他们还是要自学其他一些技能，例如如何使用最新的设计软件等。

最适合人群：喜欢与他人一起共事、具有艺术天赋且训练有素的设计师

信息渠道：AIGA.org，GraphicArtistsGuild.com

10. 建筑师

无论你身在何处，都离不开建筑师设计的空间。建筑师设计了咖啡店、地下室、办公大楼等形形色色的建筑。毋庸置疑，他们必须肩负起责任，保证建筑的安全性、稳固性及美感，所以他们需要接受相应的教育以具备专业的技能，

需要持有建筑学学位和执业许可证。很多建筑师副业者都同时从事着全职工作，副业只是用来增补收入的。美国劳工统计局预期建筑师在 2010—2020 年间的就业增长率将达到 24%，对于具备资质的建筑师来说，工作机会非常多。根据劳工统计局的数据，该副业的平均时薪为 36 美元左右。

最适合人群：觉得自己的技能在全职工作中没有得到充分利用（或大材小用）且训练有素的建筑师

信息渠道：Elance.com，Guru.com，美国建筑师协会（aia.org）

11. APP 开发者

十几年前还不存在 APP 开发者这份工作，但是当下它是发展最迅猛的领域之一。Freelancer.com 将它列为发展速度最快的在线工作之一。仅苹果手机应用软件市场在 2012 年第一季度就创造了 4318 个就业岗位。根据 Payscale.com 网站的工资数据，兼职或个体经营的 APP 开发者平均每小时赚取 40 美元，是兼职或个体经营工作中薪酬水平排前三十的工作之一。APP 开发者还可以走创业路线，根据自己的想法创造一些应用程序，在这种情况下，薪酬的高低完全取决于这些想法在市场中能否获得成功。APP 开发者需要对编程技术的复杂细节都有全面的了解，很多副业 APP 开发者同时也有一份信息技术领域的全职工作。目前人们对这个高速发展的领域充满了兴趣，因此网上有很多免费的信息可查阅，斯坦福大学甚至在 iTunes U 上提供了很多关于 APP 开发的教程。

最适合人群：喜欢在业余时间玩代码的技术大师

信息渠道：Freelancer.com，iTunes U

附录 A

最顶尖的 50 种副业

12. 糕点师

随着美食联播网的《杯子蛋糕战争》和旅游生活频道的《蛋糕店姐妹花》两个在线美食节目的播出,糕点师开始成为很多全职工作者的一个理想副业选择。事实上也是如此,越来越多的人开始从事这份副业,它受欢迎的程度甚至超过了潜在的收入水平。PayScale.com 网站的工资数据显示,兼职或个体经营的糕点厨师平均时薪是 15 美元,这与其他工资水平较低的工作如保姆和家庭清洁工的薪酬水平相当。但是,这并不意味着糕点师是一个糟糕的副业,尤其是对于那些产品能够在激烈的市场竞争中脱颖而出的人来说(他们反而能比一般副业者赚得更多)。在这个领域,致力于创造独特品牌或专注于特定用户群体的糕点师往往能脱颖而出。有些糕点师还会将自己的手艺与其他服务或产品结合起来,如书籍、博客和研讨会等。第 3 章中凯瑟琳·卡利尼斯和索菲·拉蒙塔涅的故事就为我们提供了很好的启示,他们从自己的蛋糕业务出发,发展起了一个真人秀节目(《蛋糕店姐妹花》),出版了两本食谱,并建立了一家网上零售商店。这份副业的启动成本较高,虽然副业糕点师通常能在自己的厨房里工作(具体的执业许可证要求则因国家而异),但是他们需要购买原材料、锅、碗和其他烘焙用品。

最适合人群:蛋糕爱好者,且永远不会对烘焙感到厌倦

信息渠道:美国派委员会,美国烘焙协会,美国烘焙零售商协会

13. 配音演员

随着多媒体网站价值的与日俱增,市场对配音人才的需求也在不断增长。自由职业网站 Elance.com 将配音演员列为发展最快的职业之一,相应的就业岗位持续增长。对于拥有相关表演技能的人来说,这是一个令人十分愉悦且灵活

的副业追求，尤其是通过数字科技包装你的声音并销售给线上客户的整个过程。对于刚刚起步的配音演员来说，一些技术投资是必要的，如特定的软件、麦克风和耳机等。配音演员的薪酬基本上与其他类型的演员相当，根据劳工统计局的工资数据，他们每小时平均能赚17.5美元。

最适合人群： 曾经通过模仿卡通人物和名人来娱乐宴会宾客的人

信息渠道： Fiverr.com，Elance.com，Voice Acting Alliance.com，Voice Acting Club.com

14．教育和培训顾问

教育和培训顾问通常服务于有员工培训需求的公司，培训内容涉及如何使用新型软件到如何避免性骚扰投诉等各个方面。这个领域需要大量的经验积累，并且有很强的专业性，需要设计广泛的知识领域，包括心理健康与个人理财等。美国劳工统计局的报告显示，几乎所有的行业都在一定程度上依赖于教育和培训顾问。报告还显示，市场对这类工作的需求日益增长，并预期2010—2020年间，对人力资源专家的需求增长率将达到21%。对于那些已经拥有这类技能的人来说，这份副业就是一个向潜在客户进行自我营销的过程。该副业的潜在薪酬较高，PayScale.com网站的工资数据显示，个体经营或兼职的教育和培训顾问的时薪超过56美元。另外，它的工作强度也很大，但由于工作的开展以项目为基础，所以副业者能够根据自身需要扩大或缩减工作量。

最适合人群： 喜欢公开演讲，拥有宝贵的技能或专业知识可供分享的外向型人群

信息渠道： 人力资源管理协会

附录 A
最顶尖的 50 种副业

15. 室内设计师/装饰师

随着有线电视频道播出越来越多的家居装饰节目，市场对室内设计师和装饰师的需求开始不断上涨。事实上，美国劳工统计局早前就预测 2010—2020 年间，室内设计领域的就业增长率将达到 20%。许多国家都有规定，室内设计师要持有相应的执业许可证，因此对于在该领域（或相似的领域）内的全职从业者来说，这份副业是想赚些外快的理想选择。PayScale.com 网站的工资数据显示兼职或个体经营的室内设计师的时薪在 58 美元左右，对于技术要求相对较低的室内装饰师来说，时薪为 31 美元。需求量更大的专业设计师，如环保型设计师通常要价更高。对于那些已经具备必要学位和执业许可证的人来说，启动这份副业仅仅需要寻找有需求的客户即可。

最适合人群：技艺娴熟并想在全职工作之外尝试一些新项目的设计师和装饰师。

信息渠道：HGTV，apartmenttherapy.com，美国室内设计师协会，DesignSponge.com。

16. 插画家

插画家是以绘画插画为职业的艺术家，其主要职责是通过手工或借助于计算机软件创作博客徽标、电子书封面、网页横幅等各种各样的作品。Freelancer.com 网站将这份副业列为 2012 年发展速度最快的副业之一（该网站每个季度都有约 2000 个新就业岗位被发布）。插画家有着广泛的客户群体，从大公司到个体自由职业者都需要插画师来使自己的博客或网站看起来更专业。根据 PayScale.com 网站的工资数据，兼职或个体经营的插画家平均每小时能赚 28.4 美元，这与其他创意领域的副业者如平面设计师和作家的薪酬水平相当。

最适合人群：喜欢独立工作并愿意进行自我营销的优秀艺术家

信息渠道：插画家协会、kerismith.com、Etsy.com、dribbble.com、minted.com、cgtextures.com

17. 景观设计师

景观设计师是第 15 个副业——室内设计师的户外版职业。它的任务包括改善户外空间的美观度、可用性。客户包括想要美化后院的个人，到拥有绿色空间的公司，或者是政府想要美化公园和运动场地。在自由职业者的网站 Elance.com 上，景观设计师是发展速度最快的职业之一。PayScale.com 网站的报告显示，兼职或个体经营的景观设计师平均每小时能赚 26 美元，相当于年薪 52000 美元。

最适合人群：有执照的景观设计师，且期望接手新的客户和项目；或者景观设计公司的一名全职工作者，且在向自我创业转型

信息渠道：Elance.com、美国景观设计师协会

18. 生活导师

生活指导服务是一个快速发展且基本不受监管的领域。事实上，这是一个新兴的就业领域，美国劳工统计局甚至还没有将它列入职业名单。虽然现实中有一些生活辅导机构存在，并且也有很多生活导师认证项目，但实际上任何人都可以成为一名生活导师。这对刚刚踏入这个领域的人来说可能是件好事，但这也意味着要想在潜在竞争者中脱颖而出是一件十分困难的事情。生活导师通常与客户一对一进行辅导，担任启发和指导的角色，鼓励客户找准目标并追求

附录 A
最顶尖的 50 种副业

自己的人生目标。该副业与心理治疗师和职业规划导师紧密相关，但比他们的工作内容更加全面，不仅着眼于客户的健康和财务状况，还关注客户的人生目标。它潜在的薪酬水平很高，PayScale.com 将生活导师列为工资水平前十的兼职及自由职业之一。生活导师平均时薪是 70 美元，与信息技术顾问的工资水平相当。与生活导师相关的职业包括了很多更为具体的辅导领域，如约会教练或职业规划导师（第 23 个）。由于客户更喜欢在晚上或周末交谈，所以这份副业可以很好地与朝九晚五的全职工作相协调。

最适合人群：有一种本能的倾向想帮助他人实现目标，并致力于长时间分析谈论他们的人生

信息渠道：FindYourCoach.com，国际心理辅导师联合会，国际心理辅导师协会，斯宾塞研究所，指导培训研究所，CoachInc.com

19. 网页开发者

与网页设计者不同，网页开发人员更注重网站的技术层面，但他们的工作往往也包括了网页设计。另外，他们还负责网站的运行速度、性能、网络的流量大小以及附加到站点的其他应用程序。由于这份工作对技术能力要求较高，网页开发者时薪往往会小幅高于网页设计者，据 Payscale.com 估计，兼职或个体经营的网页开发者每小时能赚取 32 美元左右，或者每小时能比网页平面设计师多赚 3 美元。美国劳工统计局还将它列为发展速度最快的就业领域之一，预计 2010—2020 年的就业增长率将达到 22%。尽管网页开发者需要考取特定的资格证书，如 JavaScript 或 HTML，但总体来说他们的启动成本还是较低。

最适合人群：技艺娴熟的网页开发者，并且期望在全职工作之外扩展他们的客户群体，或希望最终实现创业目标

信息渠道：Elance.com，webdeveloper.com，国际网站管理员协会，Web Professionals.org

20. 主讲人

作为一名主讲人，面对大量听众和讲台时需要保持从容与舒适，主导整个演讲流程。主讲人的演讲主题包罗万象，通常来说，解决困境、成功的秘诀，以及提高生产力是最热门的三个主题。一般来说，主讲人的知名度越高，薪酬就越高。薪酬从500美元（小型院校研讨会的主讲人）到50000美元（大牌名流的演讲）不等。主讲人基本上都是副业者，他们往往依靠全职工作和相应的专业才获得有偿演讲的机会，无论他们的全职工作是攀岩还是管理非营利机构。除了需要培养公共演讲这项专门技能外，这份副业的启动成本非常低。它最大的挑战在于找到付费客户，因此很多主讲人一开始都是免费演讲。另外，时间成本也不可忽视，虽然每场演讲只持续几个小时，但是在这背后，主讲人往往要花费好几倍的时间用于准备、完善他们的演讲以及长途奔波。

最适合人群：某个领域的佼佼者，并且喜欢被公众关注

信息渠道：国际演讲协会，地方演讲家社团，全国演讲家协会

21. 园丁

兼职的园丁通常在自家后院或社区花园里种植花卉、蔬菜，然后卖给当地的农贸市场、果蔬专营店或者花店。园艺工作尤其是城市园艺和共享社区花园的利润在过去十年里都十分丰厚，因此兼职园丁长期以来都是十分热门的副业选择。1995年，美国劳工统计局在一篇关于同时拥有多种职业的人的报告中用"周末园丁"一词来描述"喜爱在自己的一小片土地上耕种作物并对外出售"

附录 A
最顶尖的 50 种副业

的这一类人群，它是时下最流行的副业之一。该副业的启动成本很低，园丁们只需要获得一块土地，无论是在自己家中还是在一个共享的花园里，另外还要具备相应的工具和种子或幼苗。时间成本则随季节而变化，在生长的季节，园丁要花费大量周末和晚上的时间种植、除草和收割。

最适合人群： 喜欢将空闲时间花费在户外和花园里且精于园艺的人

信息渠道： 约翰·塔洛克的美国新家园博客（johntullock.blogspot.com），美国社区园艺协会，GardeningMatters.org

22．勤杂工

如字面意思所示，勤杂工涵盖了各种零工工作，从修理堵塞的排水管道到安装绝缘装置等。忙碌的人们通常很乐意将这类耗时的工作外包给效率更高的勤杂工。每个国家对于这一工作的许可要求是不一样的。虽然越来越多的勤杂工利用网络来寻找新的客户，但口碑宣传仍然是最普遍的一种方法。根据 PayScale.com 网站的数据，兼职或个体经营的勤杂工平均时薪是 24.5 美元，与瑜伽老师和行政主厨的工资水平相当，但薪酬水平也会随地理位置的不同而存在差异。在木工或其他专业技能上有所专长的勤杂工会收取更高的费用。勤杂工可以根据自己的需要承担尽可能多或尽可能少的工作量，另外，由于很多客户希望工作在周末进行，所以兼职的勤杂工通常很容易与全职工作相协调。

最适合人群： 已经具有家具维修技能，并且喜欢在别人家中与他人一起工作的人群

信息渠道： AsktheHandyman.net，认证勤杂工专业人员协会，Handy American.com，Sidegig.com，美国勤杂工协会，勤杂工联合协会

23. 职业规划导师

跟生活导师类似，职业规划导师也是与客户一对一，帮助客户改善生活、实现人生目标。但是，职业规划导师更专注客户的职业生涯。他们帮助人们弄清楚自己最喜爱做的事是什么，有哪些技能，以及如何进入职场才能最大化发挥自己的技能和激情。职业规划导师还有一些更具体的任务，如帮助客户完善简历和求职信等。与心理咨询师和治疗师不同，职业规划导师关注的不是客户的情感历程或潜在的心理状况，而是以帮助客户找到满意的工作为最终目的。事实上，很多职业规划导师没有任何资格证书，也没有经过任何培训就开启了这份副业。是否持有资格证书是非强制的，潜在的收入水平也随专业程度和经验丰富程度的不同而存在差异，一小时的收入大约在100~500美元或者更高。这份副业的时间安排往往很灵活，与客户的对谈可以安排在周末或晚上。

最适合人群：有一种本能的倾向想要给朋友提供职场建议的人

信息渠道：《厚脸皮的野心家》，职业导师协会，简历作家和职业导师专业协会

24. 文身艺术家

文身艺术家往往是本身也是专业美术家，毕竟他们的作品会被永久地留在客户的皮肤上，所以他们没有犯错的空间。所以文身艺术家在接手自己的客户之前需要经常训练，多年跟随经验丰富的老艺术家当学徒。另外，健康和卫生问题也是这个职业需要考虑的，政府对人体艺术有一定的管制，规定文身艺术家需要经过职业培训，以及考试和营业许可证。然而，它的回报与付出也是对等的，PayScale.com网站的数据显示，兼职或个体经营的文身艺术家平均时薪近36美元，这与私人教练和技术作家的工资水平相当。

附录 A
最顶尖的 50 种副业

最适合人群：着迷于文身文化的艺术家

信息渠道：Tattoo Road Trip.com，文身艺术家协会

25．活动策划者

活动策划者十分醉心于细节，即使他们是为他人的会议、婚礼或聚会出谋划策。具体的工作包括制定议程或时间安排、邀请客人、安排必要的后勤工作（如交通）、处理活动涉及的所有承包商的费用开支等。美国劳工统计局的报告显示，该领域的就业增长十分迅速，预计 2010—2020 年间就业岗位将增长 44%，因为在这个数字化时代下，我们有更多的需求来举办活动，促进人们面对面交流。个体经营或兼职的活动策划者平均每小时的工资为 20 美元，当然经验丰富、专业性更强的活动策划者会赚得更多。然而这份工作的时间成本很大，当活动临近时，策划者常常发现自己要一直忙到最后一分钟，处理客户、参与者和承包商源源不断的请求和问题。相关的资格证书是存在的，并且可以让策划者更具竞争力，但并不是必需的。

最适合人群：偏好于细节、组织和聚会的人群

信息渠道：会议产业理事会，政府会议专业人员协会，活动策划协会，国际会议专家联盟，专业会议管理协会

26．宠物保姆

照看别人家的宠物会涉及方方面面的工作，从遛狗到与猫一起过夜，再到喂鱼等。虽然它的薪酬不是很高，PayScale.com 网站显示兼职的遛狗者平均每小时的工资为十几美元，但是它是一份相对容易的副业，特别是对寻求工作灵活性的人来说。饲养宠物的人群数量在不断增长，他们在宠物身上的花费也越

来越多，因此预计一直到2020年，宠物保姆的需求都会不断上升。美国劳工统计局估计在近十年里，动物保健领域的就业增长率将接近于23%。宠物保姆往往能与全职工作相协调，并且能在自己的意愿范围内接手尽可能多或尽可能少的客户。该副业的启动成本十分小，接近于零，尽管也有相关的资格证书。

最适合人群：动物爱好者并且有闲暇时间和灵活的时间安排

信息渠道：国家专业宠物保姆协会，美国宠物照护协会

27. 艺术家

艺术家会长期在全职工作之外追求一份副业，因为仅仅靠艺术难以谋生。通过利用层出不穷的电子商务网站，从Etsy的到RedBubble网站，艺术家们想方设法开发新的客户，为自己创造新的收入来源。无论他们是创作相片、雕塑品还是绘画，总能通过互联网销售出去。不过，想要找到付费用户很不容易。美国劳工统计局的报告显示这个领域在2010—2020年的发展会更缓慢，这主要是因为艺术品属于奢侈品，它的销量取决于经济发展周期。根据PayScale.com网站的工资数据，兼职或个体经营的艺术家平均每小时的工资在20美元以下。该副业的费用开支主要包括美术用品和培训费用。

最适合人群：通过其他工作支付账单但仍然希望从自己的作品中赚取收入的艺术家

信息渠道：美国手工艺理事会，Etsy.com，RedBubble.com，Minted.com

28. 在线社区创建者

在美国劳工统计局的职位列表中并不存在"在线社区创建者"这一工作，但是它对于有雄心壮志的副业者来说，是一个日益流行的职业。记者、网页开

附录 A
最顶尖的 50 种副业

发人员、社区组织者和科技企业家都可能去从事这一工作，因为他们通常期望寻求一种全新的方式来与社会或业界相连接。在网上拥有一批忠实观众，能够带来广告、合伙人和销售的增长，并且盈利潜力在很大程度上也取决于在网络上的吸引力。相关的例子包括 dcurbanmom.com（第 4 章）、纽约创意实习生网站（第 4 章）及 DailyMuse.com（第 5 章）。该副业初始的开销包括购买域名、托管服务和网页设计服务，并且这三者的报价相差很大。除了要建立网站，在线社区创建者还要花费大量的时间进行营销，以及建立好与潜在合伙人之间的关系。

最适合人群：精通网络并喜欢促进人与人之间相互联系的人

信息渠道：Mashable.com，Problogger.net

29. 专业软件顾问

不论企业还是个人都会需要使用特定类型的软件来解决问题，例如 Photoshop、Flash 和 Java，这时他们往往会向自由职业的软件顾问来寻求帮助。这为拥有这方面技能的人群创造了机会。Freelancer.com 网站将软件工作列为发展速度最快的职业之一。他们同时也是薪资水平最高的职业之一，根据 PayScale.com 网站的工资数据，技术相关的咨询工作通常一小时能赚 70 美元左右。该副业最大的启动成本就是工作所需的程序，实际上很多软件顾问的电脑都已经有了相关的程序。

最适合人群：技术爱好者，并且有时间承担额外的项目

信息渠道：Freelancer.com，Elance.com

30. 瑜伽老师

不必成为一名瑜伽修行者你就能看到古代瑜伽修炼的普及度是多么的深远。在这样的背景之下，技能娴熟的瑜伽从业者能找到很多机会。瑜伽教学利用的是零星的时间，所以瑜伽老师通常会同时从事其他工作，这些工作常常与瑜伽毫无关联。兼职或个体经营的瑜伽老师平均一小时的工资在 25 美元以上，与杂务工、作家的收入持平。瑜伽老师的训练是高强度的，需要 200 个小时（或更多）的实践与学习。通常瑜伽课程被安排在晚上和周末，这样瑜伽老师可以更好地将瑜伽教学与全职工作相协调。

最适合人群：瑜伽修炼者，并希望与他人分享他们对练习瑜伽的喜爱

信息渠道：Kripalu.org，YogaAlliance.org，《瑜伽日志》

31. 音乐节目主持人 DJ

音乐节目主持人 DJ，又被称为节目播音员或广播员，有的在电台播音室工作，有的在活动上如婚礼等，掌控音乐。美国劳工统计局的报告显示该领域在近十年增长的态势温和，但实际上得益于社交网络的发展，那些有雄心壮志的音乐节目主持人现在更容易宣传自己的品牌、找到忠实的粉丝了，也能根据自己的技艺赚取更高的收入。根据 PayScale.com 网站的数据，兼职或个体经营的音乐节目主持人平均一小时能赚 35 美元，这比电脑维修技术人员、网页开发人员及婚礼策划师的利润更加丰厚。该副业初始的开销包括购买高质量的音响设备等，成本很高。

最适合人群：喜欢玩弄节拍及流行音乐的人群

信息渠道：美国音乐节目主持人协会，国家移动艺人协会

附录 A
最顶尖的 50 种副业

32. 花　商

美国劳工统计局的报告显示，花卉领域在整体上呈一种收缩发展的状态，这是因为从消费者如婚礼插花公司中获取的利润在不断下降。该副业成功的关键在于明确市场定位和客户群体，创建稳固的线上业务，以及通过口碑宣传来增长业务量。花商还可以为客户提供相应的指导和研讨以获取收入。大约有 1/3 的花商是个体经营的，PayScale.com 的报告显示他们每小时的平均工资为 11.4 美元。该副业的技能来自做学徒经验或者自考证书，但是两者都不是必需的。

最适合人群：有艺术背景的并喜欢从事花卉工作人

信息渠道：美国花艺设计师学院，美国花商协会

33. 收纳专家

人们越来越忙碌，生活变得杂乱无序，近几十年来收纳业务呈井喷式增长。收纳专家为各类人群布置整理家居，接受服务的人群包括全职妈妈、学生或者患有某些健康问题的人群，如注意力缺乏症患者等。这份工作不仅仅是整理文书，收纳专家还要从事一切有关房间设计、空间管理的事情，从而使客户更有序地安排时间。PayScale.com 网站的数据显示，兼职或个体经营的家装组织者平均每小时的工资为 22.5 美元。这份工作的启动成本很低，成功的收纳专家往往会拥有吸人眼球的网站，上面列有对潜在客户有用的信息。是否需要持有相关证书是非强制的。

最适合人群：喜欢花费周末的时间来整理衣柜和成堆文件的人群

信息渠道：CertifiedProfessionalOrganizers.org，国家专业组织协会

34. 歌手/音乐家

虽然歌手和音乐家很难推广自己，也很难找到愿意付费的客户，但是一旦获得了成功，他们的回报将非常丰厚，兼职或个体经营的歌手和音乐家平均每小时的工资在48美元左右，和保健顾问或持证按摩治疗师的工资在同一水平。除了现场演出外，录音带和网上销售也能帮音乐家推销自己的音乐，并积累粉丝。很多表演者还通过教授歌唱技能赚取收入。很多歌手和音乐家的技能是从小开始训练的，在获得这份技能后，你最大的成本就是推广自己，这样你才能找到付费客户。

最适合人群：有时间且十分渴望利用自己的技能获得收入的训练有素的歌手或音乐家

信息渠道：美国音乐家协会，CDBaby.com，自由音乐家协会

35. 私人购物助理

私人购物助理在为别人挑选完美的服装搭配上具有独特的天赋。虽然很多购物助理是在百货商店工作，但个体经营的私人购物助理往往会突破商店的局限，在所有商店之外满足客户的需求。他们的客户往往在经济上很富足，因为购物助理提供的是一种奢华高端的服务，并且私人购物助理通常会向衣橱组织、服装设计和造型设计等工作发展。该副业所需的专业程度通常依地理位置而定，例如在拥有大量国际人群的地区，客户想在美国找到合适的购物商店，以及适合自己的款式风格的服装，他们就会向购物助理寻求帮助。PayScale.com 的报告显示，对于个体经营或兼职的私人购物助理，每小时平均工资为 18.5 美元。该副业的训练通常是来自生活经验，也有来自对造型和搭配效果的欣赏，与之相关的证书虽然存在，但不是必需的。

附录 A
最顶尖的 50 种副业

最适合人群：拥有令人羡慕的品位，并爱好帮助他人改善外表

信息渠道：国际形象顾问协会，国际购物助理协会

36．视频编辑师

兼职博主和大型企业都需要依赖自由职业的视频编辑师，所以近年来对技术娴熟的视频编辑师的需求不断增长。对于训练有素的摄影师而言，面临日常工作逐渐被新技术替代，视频编辑师恰好就是一种可以选择的副业。对于求职中的应届毕业生来说，视频编辑师同样是不错的选择。2012 年初，Freelancer.com 网站上公布的 7500 多个招聘职位中，视频服务是发展速度最快的领域之一。根据 PayScale.com 网站的数据，电影和视频编辑平均每小时能赚 25 美元。该副业相应的设备包括摄像机和编辑软件，成本相对昂贵。

最适合人群：有相应设备的训练有素的摄影师，并且与当地小型企业和其他潜在的客户有联系

信息渠道：美国电影剪辑师协会，Elance.com，Freelancer.com

37．保　姆

家长在选择保姆时，往往只是凭主观感觉（对保姆的信任程度），而不是其他的标准，如资格证书等。并且，这份工作通常也是通过口碑宣传而非网络发帖。当然，一些知名的保姆网站如 SitterCity.com 会帮助保姆更容易地突破自己的内部圈子，壮大业务。兼职的保姆每小时能赚 12 美元左右，但是这个工资随着城市的不同会有很大的差别。许多城市地区的现行价格是 15 美元及以上。由于父母工作日程日益繁忙，美国劳工统计局网站的数据显示，近十年这个领域的就业增长率达到 20%。尽管这个副业的进入门槛很低，成本也很小，

但是很多父母更喜欢有心肺复苏培训经历和其他资格证书的保姆，也会给拥有其他技能如辅导或做饭能力的保姆支付更高的薪酬。

最适合人群：喜欢小孩并且希望寻找一份晚上和周末做的工作来提高收入的爱心人士

信息渠道：SitterCity.com，Care.com

38. 建筑工人

尽管大多数建筑工人都已经是公司的全职员工，但根据美国劳工统计局的数据，仍有 1/4 的建筑工人是自由职业。这个工作领域在 2010—2020 年整体的就业增长率在 25% 左右，该领域内一些更具特色的工作如泥水匠、木匠和管道安装工则具有更高的就业增长率。体力是大多数建筑工作所必需的，此外，对于安全性或特定交易方面的专门培训可以提高副业获得成功的概率。房主、建筑公司等客户一般寻求的都是短期的建筑工人，也只需要完成零碎的工作或者小型业务。根据政府公布的相关数据，建筑工人一般每小时工资在 14 美元左右。而策划和管理项目的总承包商赚得更多，一般在每小时 45 美元左右（PayScale.com 网站的数据）。尽管自由职业的工人经常通过证书、保险和许可证来提升自己的市场开拓能力，但大多数的建筑工人是在工作中学习成长的。

最适合人群：喜爱体力劳动，在建筑相关领域内接受过培训的人，并且全职工作能给予你一定的灵活性来从事短期、基于项目的工作

信息渠道：ConstructionJobs.com，北美劳动者国际联盟，国家建设教育和研究中心

附录 A
最顶尖的 50 种副业

39．舞者 / 演员 / 演奏者

表演者包括街头艺人、舞台演员和舞者。他们的工作往往时有时无，因此表演者为了维持生计往往同时也做其他工作。美国劳工统计局的报告显示，演员一个小时能赚 18 美元左右，舞者一个小时能赚 13 美元，并且这两个领域的就业增长率处于中低水平。在社交网站及一些众筹网站上，共享在线视频展示技能的表演者更容易接触到潜在的导演、制片人、粉丝和赞助商。正如第 34 个副业中的歌手和音乐家，很多舞者和演员也通过教学来获取额外的收入。根据 PayScale.com 网站的数据，舞蹈教练的工资接近一小时 25 美元。

最适合人群：日常工作与表演无关，但希望从自己的才艺中赚取收入的技艺娴熟的表演者

信息渠道：DanceUSA.org，Kickstarter.com，演员工会

40．营养学家

营养学家致力于帮助人们更好地选择食物，其中一些营养家学专门研究儿童的营养问题、减肥问题，或者其他的健康问题，比如糖尿病或产前保健。他们为私人客户、医院、医生办公室和养老院工作。根据美国劳工统计局的数据，营养学家一般一个小时赚 26 美元，并且近年来社会对营养学家的技能要求在不断加强。基于客户的工作本身给营养学家很大的灵活性，20% 的营养学家都是兼职工作，15% 是个体经营。然而要成为营养学家，训练的过程耗时耗力，不同国家的法律对营养学家的规定会有所不同，但大部分都需要持许可证或证书，营养学家通常也是注册营养师。

最适合人群：训练有素的营养学家，并且期望接手额外的工作，建立起私人客户基础

信息渠道：美国营养协会，美国营养学会，营养与饮食学会，全国营养专家协会

41. 博客博主

除了少数几个特殊的例子，博客博主一般不会利用博客本身赚钱。但是他们的确可以通过与博客相关的业务赚取收益，比如为他人写博客（例如公司）或为客户提供信息。博主还可以通过为他人提供培训、销售产品如旅游类电子书、举办网络研讨会、教学研讨会等赚取收益。写博客是一项比较容易的副业，因为它可以在任何时间进行。美国劳工统计局将博主归类在作家和作者这一类别，数据显示他们一般每小时赚27美元左右。他们唯一需要配备的是一台连接网络的电脑。

最适合人群：期望接手更多工作的作家，或者在非写作领域内工作但喜爱写作的人

信息渠道：Blogger.com，ProBlogger.net，Wordpress.com

42. 数据输入员

这份副业可能不是最光鲜亮丽的，但它是需求量最大的副业之一。Freelancer.com 网站的报告显示，数据录入是发展速度最快的就业领域之一。这种增长的驱动力来源于越来越多的公司数据录入工作外包。相关联的工作还包括虚拟助理（例如安排预约时间、管理电子邮件及社交媒体账户）和数据处理。帮别人做繁忙的工作往往也会得到比较体面的薪酬（起薪是时薪15美元），而且可以在一天中的任何时间进行。

最适合人群：优秀的打字员，并且喜欢使用数字和电子表格进行工作

附录 A
最顶尖的 50 种副业

信息渠道：Freelancer.com，国际虚拟助理协会，VirtualAssistantForums.com，Zirtual.com

43. 喜剧演员

除了在俱乐部和酒吧表演的单口喜剧演员，喜剧演员还包括其他靠幽默获得收入的工作者，如笑话作家、即兴演员。许多喜剧副业者一开始都把引人发笑当作自己的爱好，他们一开始会很认真地加入当地表演团体，参加一些课程，或在即兴表演聚会上表演段子说笑。虽然收益往往较低且不稳定，但是只要多吸引一位观众，他们就会多获得一份收入，并且这份副业对于喜爱喜剧的群体来说很流行。对于那些只是为了兴趣而表演的人来说，经济收入相对于引人开怀大笑带来的满足感是次要的。

最适合人群：期望通过自己的喜剧技巧在周末赚取外快的人

信息渠道：喜剧演员协会，地方即兴表演团体，世界小丑协会

44. 广告文案

广告文案的工作是为客户撰写营销文案、产品介绍和网站标语。虽然他们属于作家、作者这一行业，但薪酬往往更高，因为广告文案通常的客户是大公司。事实上，根据 PayScale.com 网站的数据，资深的广告文字撰稿人是个体经营、兼职工作者中薪酬最高的，通常一个小时赚取 85 美元。（资历较浅的广告文字撰稿人每小时赚取 25 美元左右。）

最适合人群：期望寻找一种利润丰厚的收入来源，为自己低收入的创造性追求提供资金支持的作家

信息渠道：Copyblogger.com，专业撰稿人协会

45. 搜索引擎优化顾问

搜索引擎优化（Search Engine Optimization）简称为 SEO，是指通过对网站内部调整优化及站外优化来提高网站在搜索引擎内的自然排名的方式，需要具备相对先进和复杂的技术。大多数网站的所有者想让潜在客户尽可能容易地找到他们的网站，这意味着要尽可能精准地显示网络搜索的关键词。这就需要 SEO 技术人员研究的搜索引擎检索原则，而这些原则往往都被严格保密且变化频繁。搜索引擎公司（如谷歌）就是用这些原则来形成自然排名的。Freelancer.com 网站公布了上万个与 SEO 相关的工作，其中有许多都是来自中等规模的公司，他们想把相关的 SEO 任务外包出去。通常搜索引擎优化顾问刚开始的收费是每小时 20 美元左右，但薪酬会根据工作经验和成效急剧上涨。

最适合人群：精通网络的营销专家，且在日常工作中已经积累起相关的技能，期望利用这些技能做一些额外的工作

信息渠道：Freelancer.com，Elance.com，Odesk.com

46. 信息技术顾问

信息技术顾问帮助企业构建和管理他们的计算机系统，这不是一个简单的任务，尤其是考虑到计算机系统日益增加的复杂性。他们的工作职责较广泛，从连接网络、管理软件升级到操控服务台、保证网络安全。PayScale.com 网站的工资数据显示，兼职或个体经营的信息技术顾问平均时薪是 70 美元。在 Freelancer.com 网站，几乎有一半的项目是由自由职业的信息技术顾问完成的，他们一般在 IT、网站或软件公司还拥有全职工作。

最适合人群：喜欢玩弄电脑的技术奇才

信息渠道：《计算机世界》，Freelancer.com

附录 A
最顶尖的 50 种副业

47．家庭教师

家庭教师在多个学科上辅导学生，从词汇到学习新语言。专业家庭教师还会辅导有学习障碍或健康问题的学生。他们通常是为自己工作的，在自己家中或学生家中进行课程辅导，也可能是来自教育机构或高校。家庭教师通常持有教育学学位、证书和许可证，虽然为自己家庭或私立学校工作的自由职业家庭教师并不需要持有这些执照和证书。根据 PayScale.com 网站的数据，兼职或个体经营的家庭教师一般一个小时能赚 20 美元。相关的工作还包括：大学论文编辑和考研辅导。

最适合人群：退休或现任教师，且享受对学生进行一对一的辅导

信息渠道：美国教育协会，国家教育协会，独立教育咨询协会（美国）

48．家庭保洁

在美国大约有 140 万人从事家庭保洁工作，其中 12% 的人都是个体经营的。根据 PayScale.com 网站的数据，兼职或自由职业的家庭保洁每小时大约能赚 15 美元。这份副业比较辛苦，通常又累又脏，因此 15 美元并不是很大一笔钱。但好处是，这份业务很容易扩展，通过口碑宣传和自我营销能够获得更多的工作机会。家庭保洁还可以对他们的服务增加多种多样的专业特性来提高收入水平，比如收纳专家（第 33 个）或风水师。

最适合人群：身体健壮且愿意帮别人清理的人

信息渠道：住宅清洁服务协会，ISS A.com

49．化妆师

让别人变得美丽是一种有利可图的艺术，兼职的自由职业化妆师能够和网

页开发者、室内设计师一较高下。据 Payscale.com 网站的数据，化妆师大约一个小时能赚 31 美元。虽然化妆师直接为客户服务，一般不需要职业证书或许可证，但是很多化妆师仍然会想方设法获得证书，因为美容院和水疗中心通常要求他们持证，客户也偏好持证的化妆师。化妆师还需要知道如何进行自我营销。相关的个人护理领域的工作还包括：理疗师（时薪大约 12 美元）、理发师或造型师（时薪 15 美元）和购物助理（第 35 个）。

最适合人群：训练有素且期望壮大业务，最终走向自谋职业的化妆师

信息渠道：BeautySchools.org、MakeupGeek.com、MakeupMag.com、Pro Beauty.org

50. 婚礼司仪

近年来，随着越来越多的夫妇选择定制婚礼仪式，个体经营、自由职业的婚礼司仪数量开始与日俱增。薪酬则随地理区域和婚礼类型而不同，但通常情况下，司仪主持一个婚礼能赚 200 美元或更多，且所有的差旅费用都可报销。由于这份副业通常是在晚上或周末进行，所以它很容易跟全职工作相协调。

最适合人群：优秀的公众演说家，且喜爱为他人创造意义非凡的婚礼仪式

信息渠道：firstnationministry.org、ulcweddingofficiants.com、weddingministers.COM

附录 B
需避免的五大常见误区

1. 等到自己完全准备好才启动副业

这本书中的副业者大多数都是在偶然中开始了自己的副业。当他们的朋友来寻求帮助时,才突然发现自己已经开始做起了花卉业务,或变成一名社交营销咨询顾问,又或是宠物照料专家。他们对摆在眼前的机会说"是",而不是慢慢地先建立一个脸谱网页面或囤积一些存货再说。他们的副业就是从这些机会开始发展起来的。

2. 一次失败就停止前进的脚步

在这本书中我采访过的大多数副业者都曾在创业初期面临过各种各样的挫折或难题,在创业过程中仍然会面临失败,比如产品推销被拒绝、客户给差评或者新的数字产品无人问津等。但是他们仍然会坚持下去,因为他们坚信一两次的拒绝并不意味着他们的贡献没有价值。相反地,他们把这些短暂的失败作为一种证据,证明他们正在做新尝试,而新尝试是要承担风险的,因为总有一些尝试会失败。

3. 认为自己赚得太少而否认副业的影响力

很多副业者每周或每月似乎只能赚很少，一个月 100~200 美元，或一年只赚到几千美元。但是，换个角度思考，一方面随着时间的推移，金钱会积少成多——如果按 5% 的利息率算，今年的 3000 美元十年后就有 40000 美元；另一方面，如遇裁员或解雇，副业代表了一种新的发展可能性。如果时间允许，每个星期工作若干小时赚取的一个月 200 美元的收入通常是急剧扩张。并且，即使是很小的副业，它也代表着一种新的机会和发展潜力。

4. 在启动成本上的过度投资

在某些副业启动之前，往往需要投入大量的储蓄，做一些准备，如一个漂亮的网站、一个专业的营销策划、参加专业会议、考取新的证书等。但是一个成功的副业者往往会在投资前想方设法获得额外收入来抵消这些成本，同时试探市场前景。这或许意味着你需要在创建新网站之前提供一种有用的咨询服务，或者在印刷平装版本之前先通过亚马逊和其他电子商务渠道销售电子书。

5. 工作太辛苦而回报太少

当副业者第一次开始创业时，他们有时会犯一个错误，即对自己的服务要价太低，或者设定一种商业模式，一个星期投入 100 个小时的工作时间来赚取足以糊口的工资。一个典型的例子是手工钩织的毛衣与商店买的机器制品卖同一个价。事实上，产品和服务的高要价对于潜在消费者来说也是一种高质量的信号。试探这个市场能承受多高的价格，调查竞争对手的价格能帮助副业者避免期初要价太低。

出版后记

分享经济时代，越来越多的人通过网络，在朝九晚五之外为自己多赚一份收入。我们也看到很多人在社交网络上拥有着多重的身份。身边看似普通的朋友、同事，在 8 小时之外，却可能是瑜伽教练、英语老师、设计师或是网络红人。实际上，拥有多重职业在美国已经越来越流行，甚至产生了一个专门的词汇"Slash"（斜杠），因为很多人将自己的职业标记为：××/△△/○○，比如：会计师/马拉松运动员/食品营养专家，或家庭主妇/公司 CEO，斜杠"/"就是指多重职业的分界。

本书的作者金伯莉·帕尔默就是美国一位非常成功的斜杠创业家，她不仅是一位优秀的新闻撰稿人，还创办了自己的事业，包括财务咨询、演讲和写作。不仅因为从事副业获得了更强大的财务保障，还拥有了更多属于自己的时间，同时还达成了自己理想的生活。在本书中，她不仅把自己成功的秘诀和盘托出，还采访了数十位斜杠创业家，总结了他们获得成功的关键，并随书附赠了谁都能轻松使用的副业创业手册，通过她设计的这些问题，人人都能找到适合自己

THE ECONOMY OF YOU
斜杠创业家

的副业，成为斜杠创业家。

很多人，也许热爱旅游、热爱艺术、热爱展览、热爱运动、热爱自由、热爱家庭，却囿于日常的工作中，无法获得自由，实现不了自己想要的生活。但是，不管是因为缺少资金、缺少人脉，还是缺少经验，本书指出了最廉价的创业之路，重新定义了职业之路，摆脱身份束缚和一眼望得见尽头的人生，启发你寻找新的生活方式。

服务热线：133-6631-2326　188-1142-1266

服务信箱：reader@hinabook.com

后浪出版公司
2017 年 4 月

图书在版编目（CIP）数据

斜杠创业家 /（美）金伯莉·帕尔默著；谈申申，
孙思栋译 . -- 南昌：江西人民出版社，2017.7（2018.1 重印）

ISBN 978-7-210-09376-3

Ⅰ . ①斜… Ⅱ . ①金… ②谈… ③孙… Ⅲ . ①企业管
理—通俗读物 Ⅳ . ① F272-49

中国版本图书馆 CIP 数据核字（2017）第 095440 号

The Economy of You: Discover Your Inner Entrepreneur and Recession-Proof Your Life.
Copyright © 2014 Kimberly Palmer. Published by AMACOM, a division of American
Management Association, International, New York. All rights reserved.
Simplified Chinese edition published by 2017 Ginkgo (Beijing) Book Co., Ltd.

版权登记号：14-2017-0316

斜杠创业家

作者：[美]金伯莉·帕尔默
译者：谈申申　孙思栋　责任编辑：冯雪松
出版发行：江西人民出版社　印刷：北京中科印刷有限公司
690 毫米 × 960 毫米　1/16　16 印张　字数 194 千字
2017 年 7 月第 1 版　2018 年 1 月第 2 次印刷
ISBN 978-7-210-09376-3
定价：42.00 元
赣版权登字 —01—2017—334

后浪出版咨询(北京)有限责任公司常年法律顾问：北京大成律师事务所
周天晖　copyright@hinabook.com
未经许可，不得以任何方式复制或抄袭本书部分或全部内容
版权所有，侵权必究
如有质量问题，请寄回印厂调换。联系电话：010-64010019